谁能掌控未来

重启平台与生态

Who Can Control the Future
Reconstruct Platform and Ecology

刘学 ◎ 著

北京大学出版社
PEKING UNIVERSITY PRESS

图书在版编目（CIP）数据

重构平台与生态：谁能掌控未来 / 刘学著. —北京：北京大学出版社，2017.5

ISBN 978-7-301-28250-2

Ⅰ.①重… Ⅱ.①刘… Ⅲ.①网络公司—网络营销 Ⅳ.①F276.6 ②F713.365.2

中国版本图书馆 CIP 数据核字（2017）第 072960 号

书　　名	重构平台与生态——谁能掌控未来 CHONGGOU PINGTAI YU SHENGTAI
著作责任者	刘　学　著
策划编辑	贾米娜
责任编辑	贾米娜
标准书号	ISBN 978-7-301-28250-2
出版发行	北京大学出版社
地　　址	北京市海淀区成府路 205 号　100871
网　　址	http://www.pup.cn　新浪微博：@北京大学出版社
电子信箱	em@pup.cn　QQ：552063295
电　　话	邮购部 62752015　发行部 62750672　编辑部 62752926
印刷者	北京中科印刷有限公司
经销者	新华书店
	880 毫米×1230 毫米　A5　6.875 印张　121 千字 2017 年 5 月第 1 版　2017 年 5 月第 1 次印刷
定　　价	45.00 元

未经许可，不得以任何方式复制或抄袭本书之部分或全部内容。
版权所有，侵权必究
举报电话：010-62752024　电子信箱：fd@pup.pku.edu.cn
图书如有印装质量问题，请与出版部联系，电话：010-62756370

前 言
Preface

互联网世界是一个色彩斑斓、生机勃勃而又异常喧闹的世界。异乎寻常的热闹喧嚣，当然是创新活力的一种体现。但深入观察就可以发现，中国互联网世界的创新活力并没有表现在新技术模式、商业模式的原创能力上。毕竟中国互联网领域的大多数商业模式都是在拷贝基础上本土化改造、本土化适应的结果。

中国互联网世界的创新活力主要表现在新概念的创造能力上。如"平台异构、生态化反、生态核爆力、生态理想国"等"不明觉厉"的概念，绝对是中国原创的。而且这些新概念更新代谢的速度极快，一批概念和思潮还没有被消化与体会，马上就被又一批全新的概念替代。被这些用全新概念装潢、修饰后的世界，朦朦胧胧、模模糊糊、千变万化、气象万千，具有无限的想象空间，既包含着动人的诱惑，又隐含着深深的陷阱。

对中国互联网领域的平台型企业，创业者、投资者及社会公众的看法也分歧巨大。同样的企业，被某些投资者视为未来之星，支撑中国新经济的希望；却被另一些投资者视为庞氏骗局，当作圈钱捞地的"忽悠"高手。

政府对这些企业的产业政策也模糊不清、变幻无常。时而倡导，时而打压；时而鼓励，时而限制。前后不一的态度和政策，常常使政府成为那些不愿意承担自己错误决策责任的投资者施压的对象。他们常常通过集会、游行、网络谩骂等方式转移风险，要政府来承担个人决策失误造成的损失。诿过于人进而设法讹诈，这个医疗、交通等领域的时髦现象在投资领域也变得流行起来。

出现这种生机勃勃的喧嚣和混乱的根源在于平台与生态实践方面的巨大活力、无限潜力与理论研究方面的相对贫乏、落后方面的冲突。虽然平台与生态早就存在，但从平台与生态的视角来做学术研究，却是很晚的事情。主流经济学、管理学的期刊发表有关平台方面的研究，大约也就十多年的历史，而且大多数是纯理论的研究，与商业实践相距甚远，因而无法给商业实践提供合适的指导，以及对政府的产业政策制定、投资者的投资决策提供相应的判断标准。

本书是在作者多年教学和研究的基础上完成的。书中的部分内容在北京大学光华管理学院 EMBA、MBA 的课程中均与同学们

前　言

交流和讨论过，并得到了很多同学的改进建议。本书的基本架构安排，是在给出平台及生态系统、生态系统的战略势能、生态系统健康管理等概念界定的基础上，重点介绍平台设计的关键要素，以及这些关键要素如何影响生态系统的结构与势能（第2章）；然后为投资者、创业者构建一种评价新商业模式（平台）到底是价值创造、价值攫取，还是价值破坏的基准和方法（第3章）；在此基础上，围绕平台与生态系统演进、传统企业的平台化转型两个主题，研究一系列中外著名企业的案例。在平台演进方面，主要研究腾讯从单边网络QQ向游戏、拍拍、微信、支付等领域演进的历程（第4章）；乐视以内容为纽带，从电视平台向手机、汽车等平台覆盖的历程（第5章）；万达商业地产利用网络效应构建生态系统的历程（第6章）。在传统产品提供商的平台化转型方面，研究了中国家电制造商海尔、美国通用电气（GE）的平台化转型（第7章），等等。

研究这些案例的核心目的不是介绍过程，而是运用经过科学构建的学术概念、方法和架构，分析评价其演进与转型的关键成功要素，识别成败根源，预测未来前景，从而为创业者、投资者提供参考，为政府政策制定提供依据。

本书第2章的内容，可以视为商业模式的架构和方法在平台领域的全新运用，而第3章商业模式价值的评价基准和方法则是创新性的。案例研究所运用的概念架构除了源自产业经济学、战略管理的相关理论以外，还有作者从生态学、物理学等领域借用的相应的概念架构，并根据商业生态与竞争的特点进行了新的定义。资料与数据除了作者的实地访谈以外，还引用了网络上的第二手资料和相应企业网站上的资料及数据，有些地方没有指明出处，敬请原作者谅解。

本书是为受过一定的经济学、管理学训练的企业管理者、投资者、产业政策制定者、理论研究者而写的，也适合作为商学院EMBA、MBA教学过程中的参考书。平台构建及生态系统管理是一个新的研究领域，书中一定有很多不足之处，欢迎大家指正。

刘　学

2017 年 3 月

目 录
Contents

第1章 平台、生态系统与互联网思维 / 001

平台已成为商业世界中的一种重要的商业模式；由于网络效应、规模收益递增、转换成本等因素的综合作用，平台之间的竞争已超越了企业层面，成为生态系统之间的抗衡。在耀眼璀璨的聚光灯下，商业领袖BAT们攻城略地，而这些企业的强势扩展，如同军事上的"包抄"，是因为其可以利用现有平台，撬动共享的客户关系及共用的平台资源，从而进入目标市场，构建一个更强大的生态系统。

1.1 什么样的平台能够"赢者通吃"？ / 002

1.2 平台之间的关系 / 005

1.3 生态系统的势能、演进与健康管理 / 007

1.4 平台思维 vs 互联网思维：互为表里，异曲同工 / 027

第2章 平台设计与生态系统的结构 / 039

没有放之四海而皆准的商业模式，平台亦然。成功的平台模式离不开精心的设计。通过精准的市场细分，平台设计者需要确认双边或多边客户，识别生态系统内核心物种的利益诉求，进而确定自己的价值主张，设计平台规则，并在此基础上选择经营活动，制定市场开发策略，调配资源，培育能力。

2.1　商业模式：关键要素与内在逻辑 / 040

2.2　设计属于你的平台模式 / 041

2.3　OnStar：伟大的创意，辉煌的起点，凄凉的结局 / 060

第 3 章　模式创新：价值创造、攫取，还是破坏？ / 069

"万众创新"时代，一种新的商业模式一旦创立，就有无数追随者蜂拥而入。然而，在众多敞开胸怀拥抱新模式的投资者中，成功者寡，铩羽而归者众。因此，有必要在一个新的商业模式构想付诸实施之前，从"企业价值"和"相对社会价值"的角度，对其潜力与价值做出客观的评估，帮助创新创业者淘汰"馊"模式，帮助投资者选择正确的投资方向。

3.1　商业模式及其价值评估 / 070

3.2　淘宝、滴滴、团购……潜力几何？ / 077

第 4 章　腾讯的平台包抄及生态系统演进 / 087

"企鹅帝国"腾讯，是中国平台型企业的成功典型。从QQ到游戏、拍拍、微信，再到微信平台上发展支付能力进而试水微信电商，腾讯构建了社交和通信服务平台、社交网络平台、

目　录

游戏平台、媒体平台。腾讯的历程，既是平台型企业开疆拓土、包抄成功或失败的范例，也展示了平台生态系统从无序演进到结构化状态的过程。

4.1　腾讯帝国的根基：QQ / 088

4.2　从 QQ 到游戏：成功包抄 / 093

4.3　从 QQ 到拍拍：折戟沉沙 / 102

4.4　从 QQ 到微信：再下一城 / 112

4.5　从微信到微信电商：下一个补充平台？ / 113

第 5 章　乐视的平台包抄战略：成败几何？ / 121

作为资本市场的宠儿、智能电视领域的后来居上者，乐视打造了一个基于视频产业、内容产业和智能终端的"平台＋内容＋终端＋应用"的完整的生态系统，并雄心勃勃地宣称将依托电视平台市场，包抄进入汽车平台市场。然而，昨日的成功未来能否为继？今天的乐视虽是传统家电企业的颠覆者，但从技术层面看与被其颠覆者并无本质的不同。没有核心技术支撑，乐视到底能够"乐"多久？

5.1　乐视的野心 / 122

5.2　传统电视业：线性产业链与价值链 / 124

5.3　"创新者"乐视：重塑成本结构，再造收入来源 / 126

5.4　乐视的未来：豪言之下，坎坷遍布 / 129

第 6 章 实体平台：万达商业地产的演进 / 137

平台模式并不是互联网企业的专利。大连万达在商业地产发展历程中，不自觉地运用了平台思维和平台战略，推动了业务的快速崛起，从购物广场到规模化后的商业广场，再到"商业＋住宅"的城市广场，万达地产平台之上的"物种"不断丰富，生态系统的自我调节能力进一步增强。然而，成功的背后也隐藏着风险，未来，并非坦途一片……

6.1 购物广场阶段：同边效应 / 137

6.2 商业广场阶段：同边效应＋跨边效应 / 141

6.3 城市广场阶段：同边与跨边效应的交互作用 / 145

6.4 未来，万达能否继续笑傲江湖？ / 148

第 7 章 传统企业的平台化转型 / 153

两家优秀的制造业企业，在来势汹汹的互联网大潮之前，不约而同地选择了平台化转型。海尔通过"去中间化、去中心化"等措施，在组织内部构建平台，将企业的未来交托给创客和小微。GE 则回归制造业的核心资源与能力，为自己的工业客户提供以技术为支撑的解决方案，同时将更多的行业应用服务提供商拉上平台。转型之后未来如何？且让我们拭目以待。

7.1 海尔转型：企业平台化、员工创客化、用户个性化 / 153

7.2 GE 转型：回归产业，重塑平台 / 167

7.3 盈科律师事务所的平台化历程 / 176

目 录

结语　生态系统的战略势能：谁能掌控未来？ / 199

> 赢者通吃、借势包抄……一个个崛起的平台型企业令人艳羡，然而平台绝非人人可以轻易尝试的游戏。即便是那些风头正盛的平台，挑战与机遇也同样并存。成功背后，不仅需要伟大的产品、伟大的平台，更要构建一个具有强大的、自我进化能力的生态系统，以应对不断变化的形势。"天下武功，唯快不破"，面对这个时代令人瞠目的发展节奏，谁能真正掌控未来？

第1章
平台、生态系统与互联网思维

平台早就存在。比如证券交易所作为融资方与投资者互动的平台，年已过百。但由于IT技术大大减少了对实体基础设施和资产的需求，在很大程度上降低了平台建设和拓展的成本，减弱甚至消除了参与者之间的摩擦，提高了捕捉、分析互动数据价值的能力[1]，使得平台成为商业世界中的一种重要的甚至主导的商业模式。而平台之间的竞争，也使得战略竞争超越了企业层面，成为生态系统与生态系统之间的抗衡。所以，我们在开篇首先介绍平台、生态系统、互联网思维及其相互关系。

---

[1] 马歇尔·范·阿尔斯丁等："平台时代战略新规则"，《哈佛商业评论》（中文版），2016年4月。

1.1 什么样的平台能够"赢者通吃"?

本书从两个层次上使用平台概念：产品平台与产业平台。

产品平台是指一家企业用来制造一系列客户定位各不相同，但生产或技术等方面具有密切联系的产品时所共用的基础架构或关键元器件。[1] 如丰田的卡罗拉轿车、赛利卡跑车、Matrix 背掀车、Rav-4 SUV 等，都是定位于不同细分市场的不同产品，但所有这些产品都采用相同的车架（承载式车身）和关键零部件（如发动机）。其他辅助零配件在技术上与共用架构相协调，以保证关键功能指标得以实现；在形象与价值体验上与客户品位、生活方式相协调，以保证品牌区隔得以实现。当然，关键技术特征与客户的价值体验、生活方式的协调也是非常重要的。

产业平台是指供两（多）种需求各有不同但又相互依赖的不同客户群体间进行互动的，由硬件、软件、管理服务体系、政策规则体系以及交互界面等构成的基础架构。如淘宝，是一个海量电商和海量买家互动的平台；百度，是一个信息搜寻者和发布者互动的平台；上海证券交易所，是一个融资方和投资者在券商等中介机构支持下进行互动的平台等。

---

[1] 马尔科·扬西蒂、罗伊·莱维恩：《共赢：商业生态系统对企业战略创新和可持续性的影响》，王凤彬、王保伦译，商务印书馆，2006年，第64页。

第1章
平台、生态系统与互联网思维

平台与平台的竞争同企业与企业的竞争的关键不同，在于平台具有网络效应。网络效应包括两个方面：

- **同边效应**。平台一边的客户数量增加导致该平台对于同边客户价值提高，进而促进同边客户数量增加（同边效应为正）；或者平台一边的客户数量增加导致该平台对于同边客户价值降低，进而导致同边客户数量减少（同边效应为负）。

- **跨边效应**。平台一边的客户数量增加导致该平台对另一边客户的价值提高（跨边效应为正）或降低（跨边效应为负）。

比如，商学院可以被视为一个学者与学生互动的平台。如果一个商学院能够吸引到最优秀的学者，他们能够做出出色的符合学生未来发展需求的研究，就可以吸引优秀的学生。学院有了优秀的学生，就有助于吸引优秀的学者，所以跨边效应为正，而且较强。一家商学院能够吸引优秀的学生，就有助于其吸引其他的优秀学生（同边效应为正）。因为学生选择去哪家商学院学习，不仅仅关注可以听到哪些学者的课程，还关注和哪些人是同学。同样，一家商学院能够吸引优秀的学者，就有助于其吸引其他的优秀学者。一个优秀的学者选择去哪家商学院工作，不仅仅关注可以得到的工资、教的是什么样的学生，更关注在哪个平台上发展、与谁是同事，以及是否有助于提高其学术生命力。

由于网络效应的存在,在互联网时代还会衍生出一种聚合效应:超越时间和空间的大范围的信息、资源、客户、供应商等向特定平台的集聚或者聚合。特别是在以下情况下,甚至出现赢者通吃的情况:跨边效应为正,而且强度很高;同边效应为正,而且强度很高;客户多平台接入或者转换平台的成本很高;需求的同质化程度很高;规模收益递增。[1]如果这几个条件同时具备,这个市场就很可能为一家企业所垄断,其他企业只能在缝隙中勉强度日。

如微软的 PC(个人电脑)操作系统 Windows 是供应用程序开发商与消费者互动的一个平台。使用 Windows 操作系统的消费者越多,就会有越多的应用程序开发商愿意基于 Windows 平台开发各种应用,如杀毒软件、游戏等。基于 Windows 的应用越多越强,就会有越多的消费者使用。之前使用 Windows 的人越多,之后使用 Windows 的人就会越多,因为使用其他操作系统接收来自 Windows 系统的文件需要经过转换,而转换不仅费时,还可能出现乱码、丢失等。而且一旦习惯于使用 Windows 及基于 Windows 的应用(如 Office 等),再转换其他平台(如

---

[1] 托马斯·艾森曼,杰弗里·帕克,马歇尔·范·阿尔斯丁:"双边市场中的企业战略",《哈佛商业评论》(中文版),2008 年 5 月。

苹果的操作系统），成本会很高。所以，微软的 Windows 曾占据 PC 操作系统 95% 左右的市场份额。

同样，由于网络效应及其衍生的聚合效应的存在，平台与平台的竞争，就不再单纯是两个平台组织之间的竞争，而是每个平台及其参与人构成的生态系统与另一个生态系统之间的竞争和抗衡。同样的道理，在全球化竞争的时代，未来的资源将逐渐向更好的商学院集中。人为地阻挡这个趋势，只能使中国的商学院与世界一流商学院之间的距离越来越大。

1.2 平台之间的关系

企业的平台，很少只是一个单纯的平台。常常是不同的平台叠合在一起。对这些叠合在一起的平台如何分类，有多种不同的视角。基于战略拓展的目的，我们采用 Thomas Eisenmann、Geoffrey Parker 和 Marshall Van Alstyne[1] 的分类方式，将平台之间的关系分为以下三类：

- 补充平台（Complements Platform）。很多平台通常由分

---

[1] Thomas Eisenmann, Geoffrey Parker, Marshall Van Alstyne, "Platform Envelopment", *Strategic Management Journal*, 2011, 32 (12): 1270–1285.

层的补充系统来构成。比如淘宝是一个 C2C 交易平台，而支付宝则是一个连接买卖双方及相应银行的支付平台。支付平台是交易平台的一个补充。百度是一个搜索平台，而百度贴吧、百度百科，则是内容提供者与搜寻者互动的平台。百度贴吧、百度百科等，都是搜索平台的补充。微软的操作系统是一个平台，而 IE 浏览器、office 软件、媒体播放器则是补充平台。也就是说，新平台是已确立的平台功能上的补充或者延伸。

● 弱替代平台（Weak Substitutes Platform）。以不同技术服务于广泛的具有相同目标的客户中的不同群体的两个或多个平台，被称为弱替代平台。如腾讯的 QQ 与微信，服务于具有相同目标的不同客户群体；阿里巴巴的 C2C、B2B、B2C 三大交易平台，也是服务于具有相同交易动机的不同客户群体。

● 功能非相关平台（Functionally Unrelated Platform）。最初设计时满足客户完全不同目的的平台，被称为功能非相关平台。如腾讯的 QQ 与拍拍，设计时即为满足客户完全不同的需求。QQ 满足年轻客户的信息沟通、社交需求，而拍拍满足电商与买家的交易需求。但需要注意的是，功能上非相关，并不意味着两个平台之间没有联系。如移动电话和手持游戏机，尽管两个平台设计时满足完全不同的目的，但两个平台还是具有共同的用户，甚至采用某些相同的元器件。

一个平台型企业，将要进入的市场与企业原有平台的关系不同，进入的难度不同，可以利用的资源与战略不同，成败的概率也不同。我们在第4—6章讨论平台演进时将对此进行专门分析。

1.3 生态系统的势能、演进与健康管理

平台运营者、参与互动的多边客户，以及为多边客户互动提供支持或服务的各类行为主体，构成了一个相互依存的生态系统。生态系统中的成员通过平台的一系列的接口或界面进行互动，并把这一界面作为价值创造的起点。

需要特别指出的是，生态系统中的平台产品的生产者与平台的拥有者，有时候是一致的，如苹果手机与苹果手机操作系统的实际控制人均为苹果公司；但有时候则是不一致的，如三星手机的生产者是三星公司，但三星采用的安卓（Android）系统则为谷歌公司所控制。三星可以通过销售手机终端获利，但应用程序开发商与消费者互动的平台收益的大多数却为谷歌收入囊中。

1.3.1 商业生态系统的动态演进

James F. Moore 认为，商业生态系统与生物生态系统一样，

都有一个从无序状态演化到结构化状态的过程。生态系统中物种之间的相互依赖,决定了生态系统演化过程中竞争战略与合作战略存在着复杂的交互作用关系。商业生态系统的演化历程可分为以下四个阶段[1]:

● **初生阶段**。平台设计者一方面要围绕种子创新,与供应商、消费者合作,确定共同的价值主张,建立平台基础架构和运营体系;另一方面要有效保护核心知识以防被竞争者窃取,并与领先的关键供应商、渠道等建立伙伴关系。

● **扩张阶段**。一方面,将平台服务推向更广阔的市场,吸引更多的多边客户加入平台,通过有效合作壮大生态系统,提高在整个市场中的份额;另一方面,优化平台设计,提高平台运行效率,力求击败竞争对手,使自己的技术标准成为产业标准。

● **领导阶段**。洞察未来,构建愿景,储备新的资源和能力,巩固同盟,为生态系统成员创造可共享的资源,增强生态系统的多样性和流动性,提高生态系统的势能。在竞争方面,提高自身在生态系统中的地位和控制力,提高企业在生态系统中的议价能力。

● **自我更新/退化阶段**。识别潜在的威胁,将已有的优势资

---

[1] James F. Moore, "Predators and Prey: A New Ecology of Competition", *Harvard Business Review*, May–June 1993.

源与外部创新者的新资源相融合，优化生态系统结构或创建新的生态系统。构建更高的进入壁垒，预防竞争者创造新生态系统；提高客户转换平台的成本，增强客户的黏性。如果平台无法实现上述目标，生态系统就将步入退化阶段。

1.3.2 生态系统的战略势能

最近十余年来，互联网平台型企业毫无疑问是商业舞台的绝对主角。在耀眼璀璨的聚光灯下，BAT 的领袖们指点江山，长袖善舞、攻城略地，谈笑间便从一个领域杀入另一个领域，从一个市场挥军至另一个市场，似乎无坚不摧、无强不克。加上平台惊人的利润率、巨额的财务回报，让很多人感慨：不知这些企业未来的边界到底在哪里！

平台型企业之所以能够从一个平台市场强势进入另一个平台市场，是因为其可以将已有平台的功能与目标市场绑定，撬动共享的客户关系及共用的平台资源，从而达到进入目标市场，构建一个更强大的生态系统的目标。学术界将这种战略称为平台包抄（Platform Envelopment）[1]。包抄（Envelopment）

---

[1] Thomas Eisenmann, Geoffrey Parker, Marshall Van Alstyne, "Platform Envelopment", *Strategic Management Journal*, 2011, 32 (12): 1270–1285.

是一个军事术语，指绕到敌人侧翼或背后进攻敌人。如阿里巴巴首先成功建立了B2B平台市场，然后利用其对小企业需求的理解、成熟的平台运营能力及部分小企业客户资源，成功地进入C2C平台市场及B2C市场，构建了一个强大的生态系统。

平台型企业的强势扩张，不仅让传统企业感到恐惧和心动，也使得某些平台型企业在资本市场上以"包抄"为题材进行大肆炒作，给投资者造成了极大的困惑。事实上，包抄战略并不总能取得成功。如腾讯构建起高度黏性的QQ即时通信平台以后，虽然成功地进入了游戏平台市场，但进入电子商务市场的努力却付之东流。同样是从搜索平台出发，谷歌成功实施了包抄战略，在中国以外的浏览器市场占据重要地位；但在中文搜索市场中居于绝对垄断地位的百度，包抄浏览器市场的努力虽已尝试多年，但其浏览器即便在中国也是渺无踪迹。

到底何种因素决定包抄战略的成败？平台及生态系统战略管理的重心到底应该放在哪里？关于这些问题，商业实践中不同企业的选择各异，理论上也尚未有权威的解答。

我借助物理学中重力势能的概念，定义一个描述生态系统健康活力与拓展能力的重要概念——战略势能，试图对上述问题做出解释。

传统战略理论主要从规模经济、范围经济的视角来解释相关

第 1 章
平台、生态系统与互联网思维

多元化企业竞争优势的来源，从风险分散的视角来解释非相关多元化企业竞争优势的来源。换个角度看，在其他情况相同时，企业进入技术、生产、渠道等存在一定关联的业务领域，由于可以共享某些资源、共同组织某些经营活动而具有成本上的优势，因而具有更高的成功概率。从这些视角解释平台型企业的包抄战略，虽然也有一定的道理，但总有隔靴搔痒之感，因为以平台为核心的生态系统的扩张与传统企业的多元化有着重大不同。

平台的意义和价值在于：让在传统模式下无法建立联系、无法实现互动的客户通过平台实现联系和互动，并通过这种联系和互动为双方创造新的价值；或者是将过去完全交由市场来调节的高度分散的双边／多边客户的互动，转变为通过平台创造的相关基础设施来加以聚合，通过平台构建的统一规则或（技术）标准实现互动，减少了双边客户为发现对方、实现互动而需要进行的冗余投资，提升了双边客户的互动效率，降低了互动成本，为各方创造价值，同时也意味着社会经济组织方式的重构。而平台与其双边客户及其他利益相关者，超越了传统时间与空间的限制，通过互联网，形成了一个交互依赖的共生共荣的生态系统。

由于网络效应的存在，使得以平台型企业为核心的生态系统成员之间的关系，远不同于传统的经济体。而进入新市场仅当双边客户超过临界规模时才可能成功的基本要求，也使得平台拓展新市场的战略与行为有着完全不同于传统经济的特殊性。所以，需要构建新的概念体系来解释平台包抄战略的成败。

观察众多平台型企业战略包抄的历程，我们发现，那些成功的包抄战略实施者，均首先建立起一个蓄积极大能量的生态系统，再从该生态系统借用巨大的能量，向目标市场进军。比如腾讯推出游戏业务时，从QQ业务拥有的客户中借用了决定性的力量。苹果在设计iPhone时，从iPod中获取了关键功能、技术的设计灵感；在市场推广中，从iPod的客户中获得了大量的支持。所以，我们借用物理学"重力势能"的概念，将原生态系统中蓄积的，可以为平台型企业进入目标市场所利用的力量，定义为生态系统的战略势能（Strategic Potential Energy）。

势能（Potential Energy）是一个物理学概念，指物体（或系统）由于位置或位形而具有的能。它是储存于一个系统内的能量，也可以释放或者转化为其他形式的能量。例如，举到高处的打桩机重锤具有重力势能，故下落时动能增加并对外界做功，把桩打入土中；张开的弓具有弹性势能，故在释放势能时对箭做功，将它射向目标。

重力势能（Gravitational Potential Energy）是物体因为重力作用而拥有的能量。重力势能的大小由物体的质量和相对位置决定。物体的质量越大、相对位置越高、做的功越多,物体具有的重力势能就越大。

重力势能的表达式为:$E_p = mgh$

其中,E_p 为重力势能;m 为质量;g 为重力加速度,是一个常量;h 为物体距离参考平面的高度。

参考物理学重力势能的定义,生态系统的势能及其对目标市场的冲击力取决于以下关键因素:

- 平台型企业掌握的相关技术的宽度与深度,相当于重力势能表达式中的高度,最终表现在满足多边客户需求的综合能力上。
- 平台拥有的客户数量及黏性,相当于重力势能表达式中的质量。
- 原平台市场与目标市场的客户重合度(Customers Overlap)、关键技术的关联性或共同性。
- 势能释放时的初始作用力,取决于市场进入时机、资源投放规模及营销战略的有效性。

其中,原平台市场与目标市场的客户重合度、关键技术的关联性或共同性,决定了拥有特定势能的平台型企业向目标市场包抄时,释放的势能有多少可以有效转化为直接冲击目标市场的动能。如果客户重合度100%、关键技术一致性100%,意味着目标靶恰好位于具有特定势能物体的正下方,势能可以完全转化为动能,全部作用于目标靶,冲击力最大。如果重合度比较低,则相当于目标靶在具有特定势能的物体的侧下方,物体下落,只能作用于目标靶的极少部分,对目标靶的作用力明显变小。

而势能释放进而转化为动能的过程,在很多情况下并不是一个没有外力作用的自然过程。市场进入时机选择、资源投放规模及营销战略的有效性,则是具有特定势能的物体下落时的额外作用力。这个初始作用力与重力势能一起,共同决定了包抄战略市场冲击力的大小,乃至包抄战略的成败。

总之,平台型企业掌握的相关技术的深度和宽度、平台客户的规模和黏性,决定了以平台为核心的生态系统的战略势能的大小。原平台与目标市场的客户重合度、技术的关联性或共同性决定了战略势能释放后,有多少可以作用于目标市场。市场进入时机、初始投放的资源数量、营销战略的有效性等,决定了包抄目标市场时的初始作用力。这些因素共同决定了平台包抄战略的成败。

下面我们比较百度和谷歌包抄战略的异同,并对其进行比较分析。

1.3.3 战略势能与平台包抄:百度与谷歌的比较

1998年9月,拉里·佩奇和谢尔盖·布林成立了谷歌公司,

第 1 章
平台、生态系统与互联网思维

谷歌网站 1999 年下半年正式上线运行。2000 年 1 月,李彦宏在美国发现搜索业务的中国市场空缺,回国创立了百度。两家公司均以搜索为核心业务,采用的技术相似,先后于 2004 年(谷歌)、2005 年(百度)在纳斯达克成功上市。时至今日,两家公司在全球市场中的地位和未来的发展潜力,却出现了重大的不同。

百度的步伐

上市后的十余年时间里,百度在完善网页搜索、新闻搜索的基础上,成功推出了众多功能相关的补充平台,如百度贴吧、百度国学、百度百科、百度地图、百度旅游、百度视频、百度音乐等,在中文搜索领域不断深化,逐步构建了一个多层次的补充平台体系,成为中文搜索市场的领先者。而谷歌被迫退出中国市场,进一步成就了百度在中文搜索领域的霸主地位。

虽然前面有领先者谷歌可供借鉴,避免了很多弯路,但在某些竞争相对激烈的补充平台开发方面,百度的许多尝试还是失败了。比如,虽然百度浏览器 2011 年已经上线,但直到今天,即便在中国市场也很少有消费者使用。百度也曾宣布基于谷歌的安卓平台开发手机操作系统,但至今未有下文。

在功能非相关平台市场,百度仅仅在网络游戏业务方面略有斩获。在电子商务市场,百度曾斥巨资开发 C2C 平台、联合韩国乐天集团开发 B2C 平台，但均无果而终。

在国际化方面，百度在创立之初曾经雄心勃勃，致力于成为一个全球化的公司，因为虽然搜索内容有差别，但搜索技术是无疆界的。特别是因为汉语与日语在文字结构方面的相似性而对日本市场寄予厚望，先后投入巨资进行市场开发，但最终还是铩羽而归。

百度在并购与投资方面也是动作连连，但除了"去哪儿网""糯米网"等项目勉强可以一提以外，成功的项目乏善可陈。

百度真正用心做，而且做得卓有成效的事情，是提高搜索平台的运营效率和价值挖掘，千方百计地利用其在中文搜索平台市场中的垄断地位攫取一切可能获得的利益，以实现最高的财务回报。百度利用信息陈列的控制权，通过竞价排名而非相关性陈列信息，最大化自身的利益，一直为中国用户所诟病，"魏则西事件"则将用户的愤怒推至极点。百度利用"贴吧"增加用户规模，扩大广告收益，也一直遭到文学类网站的"侵权"抗议甚至诉讼。

谷歌的轨迹

同样在这十余年时间里，谷歌在搜索的基础技术方面持续进行高强度的投资，在大规模机群建设与管理、大规模计算与存储、深度学习与人工智能等方面,全面领先百度,成为全球访问量最高的网站。

同百度一样,谷歌也成功开发了功能强大的补充平台,如谷歌地图(Google Maps)、谷歌视频(YouTube[1])、谷歌图书(Google Books)、谷歌学术(Google Scholar)、谷歌日历(Google Calendar)、谷歌翻译(Google Translate)、谷歌支付(Google Checkout)、谷歌微博搜索(Google Blog Search)等,构建了一个多层次的复合平台体系,从多个维度、多个层面满足客户的需求。其中,谷歌地图在美国及全球导航市场中的份额远大于百度地图在中国导航市场中的份额;YouTube 在美国及全球市场中的份额远大于百度在中文视频市场中的份额。

而在百度未能成功进入的补充平台市场,谷歌同样取得了巨大的成功。如谷歌浏览器(Google Chrome)已经成为中国以外全球用户的重要选择。谷歌的智能手机操作系统安卓,2011年开始跃居全球市场份额首位;2013 年第四季度,安卓平台手机的全球市场份额已经达到 78.1%。

在功能非相关平台领域,谷歌邮箱(Google Gmail)在这个高度分散的市场中占据重要地位。谷歌在线办公软件(Google

---

[1] 谷歌自己开发视频业务虽然未能成功,但后来成功并购并控制了 YouTube。

Docs）在欧美市场，也与微软的办公软件（Microsoft Office）一起，成为众多用户的选择。

最重要的是，谷歌面向未来做了重大投资并取得重要进展，在以软件为基础的硬件平台产品市场，如人工智能领域、可穿戴设备、无人车、云存储与云计算、太空探索等众多具有无限想象空间的领域，均取得了举世瞩目的成就。谷歌的人工智能机器人 AlphaGo 与围棋高手李世石的五番棋大战，被称为"攻破了人类智慧的最后堡垒"，将谷歌在人工智能方面取得的成就畅快淋漓地展现在世人的眼前，带给我们无限的想象空间。

当然，在竞争激烈的市场中，谷歌同样经历过许多失败。如谷歌开发的社交及通信工具 Google Buzz 无法与 Twitter 抗衡，不得不关闭；谷歌的社交网络平台 Google Orkut 负于 Facebook；谷歌的百科知识平台 Google Knol 不敌维基百科 Wikipedia 等，但这些失败丝毫不影响投资者对其未来价值的评估。

2015 年 8 月，谷歌宣布重组。以搜索业务为核心的谷歌被纳入新成立的 Alphabet 公司旗下，成为 Alphabet 旗下众多业务中的一个部分。

表 1.1 将百度和谷歌自上市以来通过包抄进入的主要新平台市场做了一个概括。

第 1 章
平台、生态系统与互联网思维

表 1.1 百度和谷歌自上市以来的主要包抄案例

		补充平台	功能非相关平台	其他领域
谷歌	成功进入	Google Maps、YouTube、Google Books、Google Scholar、Google Calendar、Google Translate、Google Checkout；Google Blog Search、Google Chrome、谷歌智能手机操作系统安卓等	Google Gmail、Google Docs	人工智能、可穿戴设备、无人车、云存储与云计算、太空探索等
	失败或前景堪忧	Google Buzz、谷歌的社交网络平台 Google Orkut/Facebook、谷歌百科 Google Knol/Wikipedia		
百度	成功进入	百度地图、百度贴吧、百度国学、百度百科；立足但份额较低的平台：百度旅游、百度视频、百度音乐、百度钱包等	百度游戏（份额较低）	
	失败或前景堪忧	百度浏览器、智能手机操作系统等	C2C平台、B2C平台等	

资料来源：作者根据相关资料整理。

比较百度和谷歌的发展路径可以看到,百度主要利用中文搜索市场的语言优势和政策优势,包抄进入功能具有强补充性而对(技术)势能要求相对较低的中文平台市场,如贴吧、百科、国学等,更有效地满足客户的知识、信息搜索需求,扩大客户的规模。

但在谷歌被迫退出中国市场,百度的垄断地位进一步巩固以后,百度开始滥用其支配地位,根据自身的商业利益而非相关性对信息搜寻者的搜索请求做出反馈,客户的体验与价值认同受到损害,使得客户规模带来的势能因黏性不足而受到削弱。

百度缺乏前瞻性的技术洞察能力,未能在相关技术领域进行合理投资,通过拓展技术宽度和深度来提升其生态势能。百度缺乏与其地位相当的技术战略,也未能充分发挥技术人员的创造力,未能在势能提升最关键的视角——技术的宽度和深度方面,提高其相对于竞争对手(参考平面)的地位。

拥有规模庞大但对公司缺少价值认同的客户群体、未能在相关技术的宽度和深度方面具有足够的相对优势,使得百度在进入存在明显竞争的市场(如电子商务等、全球市场等)或技术复杂的平台市场时,其生态系统没有足够的战略势能,冲击力不足,导致其国际化战略及诸多包抄战略的失败。

虽然百度也宣称在人工智能、无人驾驶等领域进行了投

第 1 章
平台、生态系统与互联网思维

资,并建立了国家级的研究机构,但这些年来其战略势能未能得到实质性的提升,而是利用已有的势能,挟势而下,冲击易于进入的平台市场,走的都是容易走的下坡路,势能越来越低,未来战略选择的空间越来越小。容易走的路都走完了,很可能就无路可走了。如果不在战略方面做重大调整,未来谷歌回归之日,就极有可能是百度命运改变之时。

而谷歌则围绕生态系统势能的关键决定要素进行投资,持续提升其生态系统的战略势能:

- 在搜索相关技术领域,特别是核心技术深度学习、人工智能以及无人车等领域持续地进行投资,拓展核心技术的宽度,提升其高度。
- 在提升搜索技术水平、扩大搜索市场份额的基础上,构建功能补充平台,完善多层次的复合生态系统,有效满足客户的搜索需求,在全球市场上迅速扩大用户规模。
- 坚持初创时的核心价值"不作恶"(Don't be evil),根据客户搜索请求提供相关信息,广告点击完全遵循客户意愿;提高客户对公司的价值认同,进而提高客户的黏性。
- 以搜索生态系统的强大势能为依托,进入手机操作系统(安卓)平台市场,并将系统开放给其他利益相关者,构建了一个以手机制造厂商、应用程序/内容提供商、电信运营商、手机消费者为核心的生态系统,并享受应用程序提供商与手机消费者互动而带来的平台收益。同时,在未来具有更大潜力而且进入壁垒很高的人工智能、无人车、太空探索等领域占据领先地位。

比较而言,百度重视眼前利益,强化运营以攫取最优的财务回报;谷歌重视长远,提升战略势能以增强未来的发展潜力。资本市场会给哪种战略选择投赞成票呢?表 1.2 是来自雅虎财经的相关数据。

表 1.2　百度与谷歌 2015 年度财务数据及公司价值的相关数据

指标	百度	谷歌
公司市值(Market Capitalization,2016.6.12,十亿美元)	56.89	493.92
企业价值(Enterprise Value,2016.6.12,十亿美元)	51.34	427.84
市盈率(Trailing P/E,2016.6.12,十亿美元)	11.46	29.27
预期市盈率(Forward P/E,2017.10.31)	3.16	18.14
毛利率(Profit Margin,%)	47.79	21.85
总收入(Revenue,十亿美元)	10.59	77.99
总利润(Gross Profit,十亿美元)	5.99	16.35[*]
利润率(%)	56.56	20.96

* 雅虎财经谷歌总利润数据缺失,本表的数据源为谷歌 2015 年报的净收入(Net Income)。

资料来源:雅虎金融(Yahoo Finance),2016 年 6 月 12 日,其中个别数据与百度年报数据略有不同。

从表 1.2 可以看到，百度远高于谷歌的回报率并没有得到资本市场的认同。2015 财年百度的毛利率、利润率远高于谷歌，是谷歌的两倍还多，但百度的市盈率却仅为谷歌的 2/5 左右。特别是百度的预期市盈率（至 2017 年 12 月 31 日）仅为 3.16，大约是谷歌的 1/6。这表明，相对于谷歌而言，资本市场不仅不看好百度的现在，更不看好百度的未来。

因此而批评纳斯达克市场的投资者歧视中国公司是没有道理的。自上市之后，谷歌、百度便未曾给股东分过红。作为一家不曾给股东分配股息的公司，高的财务回报对投资者仅具有象征意义，而没有任何实际价值。公司真正的价值在于由平台势能决定的未来潜力。所以，谷歌将利润中的大部分用于再投资以提升其战略势能，而百度把追求眼前高的财务回报作为战略重点却又不给股东分红。眼前有高的财务回报却与投资者无关，未来可能与投资者有关，但投资者又看不到公司的未来。你怎么能让投资者对公司价值给予更高的评价呢？

1.3.4　生态系统战略势能的提升与健康管理

平台与生态系统中的参与者是共生共荣、相互依存的关系。而处于生态系统核心的平台型企业，对创造和保持生态系统的自我进化能力负有重要的责任。如果一个平台型企业表现出如下行为，或者生态系统中出现以下现象，生态系统的健康就会受到损害，势能就会受到削弱：

- 当生态系统中处于优势地位的平台型企业滥用其支配地位，表现出过多的掠夺性、控制性行为，而不是通过价值创造的方式来提高双（多）边客户对平台的凝聚力或黏性时。比如，淘宝违背最初的承诺，向中小电商变相收费的行为；京东投诉阿里滥用垄断地位，限制电商参与其他平台的促销活动的行为等；百度利用信息展示方式的控制权，通过竞价排名谋取利益，损害客户利益的行为；等等。

- 当平台不能制定合理的规则，损害生态系统的多样性时。如将竞争焦点引向价格战而非创新，进而使客户的多样化需求无法得到有效满足；或者规则制定不当，缺少有效的质量和信誉评价认证机制，导致双边客户互不信任，影响平台的成长。

- 当平台型企业缺少创新动力与能力，或者目光短浅、停滞不前，因而使得整个生态系统的成长能力受到严重制约时。

- 当平台的资源为少数参与者垄断或控制，平台参与者的结构或地位固化，无论如何创新都无法改善竞争地位时。

上述问题在中国的主要平台型企业及其生态系统中都能不同程度地看到。

生态系统健康与否，马尔科·扬西蒂、罗伊·莱维恩认为，可以从系统的生产率、强健性（Robustness）、利基市场（Niche Market）创造力三个方面进行评价。[1] 根据扬西蒂等的研究，结合中国产业实践的特点，我们认为一个健康的以平台为核心的生态系统，至少应该具备以下特点：

● 以持续创新为支撑的自我进化机制。好的平台能够以前瞻性的战略视野，洞察产业前沿并保持强大的创新能力，并及时、有效地将新的流程、技术或构想传递给生态系统中的其他成员，带动平台及互补产业的进化与发展，形成具有持续演进动力的生态系统。

● 资源支撑与效率提升。平台能够为成员企业提供必要的共享资源，以减少各自重复、冗余的投资；平台能够通过吸引客户创造合适的市场空间，保证成员企业有更高的成活率；平台能够有效地帮助成员企业提高效率，降低成本，提高成员企业的相对竞争优势。

● 理解需求，创造并保持多样性。平台能够构建合适的平台架构以对市场进行区隔，创造更多的细分市场，避免成员企业在无区隔的市场中进行残酷的价格竞争。平台能够帮助成员企业敏锐地捕

---

[1] 马尔科·扬西蒂、罗伊·莱维恩：《共赢：商业生态系统对企业战略创新和可持续性的影响》，王凤彬、王保伦译，商务印书馆，2006年，第64页。

捉到客户需求的细微差异和细微变化,并为创新的多样性提供足够的支持,从而造就生态系统的多样性,包括企业多样性的增加、产品及技术多样性的增加,从而满足不同细分市场的需求。

- 生态系统的流动性。生态系统成员之间的相对地位,能够随着这些企业自身的战略决策与资源配置的优化、为客户创造价值的变化等,得到及时的调整与变化。也就是说,为客户创造更多价值的企业,在生态系统中的地位应该随着其为客户创造的价值的提升而提升。

- 平台架构/规则能够在稳定性与适应性之间实现恰当的平衡。平台的技术架构以及由技术架构决定的成员企业与客户之间、成员企业之间的交互方式、平台的基本规则等,应该是相对稳定的,不能经常出现巨大的变化,从而造成成员企业额外的学习成本。但是,当外部环境发生重大变化时,平台的架构和规则应该能够做出及时、合理的调整,以提高生态系统的生存能力,以及适应变化的能力。

看到这些标准,平台型企业可能会感到郁闷,甚至不忿:做企业又不是做慈善,为什么要我们对生态系统的健康承担如此之大的责任?从根本上看,这是一个短期利益与长期利益、局部利益与全局利益的平衡问题。平台型企业要保证其全局利益、长远利益得到实现,就必须承担起这份责任。

1.4 平台思维 vs 互联网思维：互为表里，异曲同工

谷歌首席执行官（CEO）埃里克·施密特（Eric Schmidt）和高级副总裁乔纳森·罗森伯格（Jonathan Rosenberg）在其共同撰写的《谷歌》一书前言中谈道："三股强大的科技狂潮汇集在一起，让许多行业的环境发生了根本的改变。第一，互联网让信息免费，源源不断、无处不在，几乎所有的新消息都可以在网上免费找到。第二，移动设备和网络让全球范围内的信息共享和持续通信成为可能。第三，云计算让人人都可以低廉的价格现付现购地使用强大的计算功能、无限的内存空间、精密的工具和各种应用程序"。[1]

确实，这三股科技狂潮，不仅重塑了很多产业的生存环境，也重塑了很多企业，特别是互联网企业战略思维的范式。所谓互联网思维，代表了这些企业在新环境下战略范式的转变。由于平台的本质，是通过构建一个通用的基础架构和规则体系，以促进双边或多边客户实现更有效的联系和互动，因此，平台思维与互联网思维或者互为表里，或者异曲同工。所以，这里对流行的互联网思维做一点评，并探讨其与平台思维的关系。

---

[1] Eric Emerson Schmidt, Jonathan Rosenberg, *How Google Works*, PXXX, Grand Central Publishing, 2004.

1.4.1 客户中心，体验为王

关于互联网思维，人们提到最多的是"客户中心，体验为王"。很多平台型企业都强调这一点，比如马化腾把"一切以用户价值为依归"当作腾讯颠扑不破的信条。360公司董事长周鸿祎则另有一番精彩的阐述：

> 第一，用户至上。在互联网经济中，只要用你的产品或服务，那就是上帝！很多东西不仅不要钱，还把质量做得特别好，甚至倒贴钱欢迎人们去用。
>
> 第二，体验为王。只有把一个东西做到极致，超出预期才叫体验。比如有人递过一个矿泉水瓶子，我一喝原来是50度的茅台。这就超出了我的体验。

如果当面听到这些企业家义正词严、气宇轩昂地讲出这番话，你多半会为他们高尚的情操和正义感所打动。

应该说，部分互联网（平台型）企业在一定程度上做到了"用户至上、体验为王"。这些企业做到这一点，并非因为它们多么高尚，而是为形势所迫：互联网时代的客户不再是沉默的、面对商家的屠刀时只能被动挨宰的羔羊。他们的不良体验会在网上快速、急剧地放大，进而对后续客户的购买决策产生重要影响。

也就是说，互联网强大的互动功能赋予了客户更大、更硬的拳头，因而使企业和客户之间利益分配的天平不得不向客户那一边稍微移动了那么一点点而已。也就是说，在互联网互动功能的威压之下，许多传统企业经营者经常放在嘴上，却懒于付诸实施的口头禅"顾客是上帝"，一部分互联网企业却不得不落实到经营实践中。当然，有些企业最初始于"不得不"，但成功的企业最终会转化为心甘情愿、发自内心。

所以，互联网企业把客户放在什么位置，依然取决于客户的权力（Power）大小和企业利益。这一点，传统战略理论依然是成立的。

1.4.2 迭代创新

为实现特定目标而需要完成的任务之间的依赖关系（Task Interdependence）可以分为三种[1]：**聚合依赖**（Pooled Interdependence），意味着不同任务只是简单地"堆砌"在一起，可以彼此独立完成；**序贯依赖**（Sequential Interdependence），意味着任务的完成必须遵循特定的顺序，A任务完成后，方能开

---

[1] http://smallbusiness.chron.com/three-types-interdependence-organizational-structure-1764.html

始 B 任务；**交互依赖**（Reciprocal Interdependence），意味着任务完成的两个或多个环节间存在双向的依赖关系，A 部分的完成质量会对 B 部分产生影响，同时 B 部分的质量和效率反过来又会影响 A 部分。

传统企业的生产过程是一个序贯依赖的过程：研发与设计、采购、制造、营销与销售，依次展开。研发人员根据企业技术能力以及对客户需求的理解和把握，预设一个产品的概念架构，完成产品的设计和开发；制造部门生产后投放市场。如果对客户需求的理解没有问题，产品畅销，则皆大欢喜。如果对客户需求的理解不当，或者虽然理解没有问题，但技术能力和制造能力无法实现设计构想，则形成产品积压。而清理库存，又会给企业带来巨大的损失。

迭代创新，是把研发/设计、采购、制造、营销、销售过程，从传统的纵向、线性的关系，变成一个交互的、并行的关系。企业首先根据对消费者需求的初步理解，在相关消费者群落中抛出一个概念设计；消费者在向概念设计"拍砖"的同时，也表达自己的偏好和品位；企业持续采集消费者意见，优化产品设计，再将改进后的设计请消费者评价……另外，企业还持续收集消费者消费产品后的体验和评价，再进一步优化和改进。如此往复，循环不止。

第1章 平台、生态系统与互联网思维

所以，迭代创新的本质是以运营的思维去开发产品，实现产品设计的动态改进。通过网络直接与客户进行互动，理解需求；甚至让客户直接参与产品设计、优化、改进的过程。

随着经济的进步，在基本功能需求被满足后，消费者需求变得朦胧、模糊、非理性。消费者需求不仅是产品开发人员、市场研究人员需要研究的一个问题，同时也是消费者自己需要自我认知、自我体验、自我发现的一个问题。在消费者对产品未有感知之前，几乎难以确定自己的需求。更重要的是，消费者除了需要产品/服务的功能之外，凸显品位、展示个性，也是其重要的追求。这时，消费者需求是在互动过程中被感知、塑造、测试的过程，产品的设计也就成为一个持续迭代和优化的过程。

迭代创新产生了两个重要的影响。一是产品生命周期缩短，产品批量概念弱化。传统的高质量概念（高均值、低方差、满足客户预期）的三个要素中，是否满足客户预期，即客户体验，成为质量评价的核心要素，预期管理对品牌塑造战略带来新的挑战。二是库存在理论上可以做到非常低，甚至可能为零。所以，采用迭代创新的企业具有完全不同于传统企业的成本结构和竞争优势。

当然，迭代是建立在客户互动的基础之上，而且基本上是

在特定平台上实现的。

1.4.3 免费

免费被视为互联网思维的一大核心特征，也确实被很多企业，如360、阿里巴巴等公司作为商业竞争的利器。免费之所以能够作为重要的竞争手段为很多平台型企业所采用，主要是因为以下两个因素：

● 平台型企业具有完全不同的成本结构，如乐视公司等。

● 平台型企业能够创造多重收入来源或者非传统的收入来源，因而给企业以更大的选择或组合空间，即所谓"羊毛出在猪身上"。如硬件也正在步入免费的时代。硬件以成本价出售，零利润，然后依靠增值服务去赚钱。智能电视、盒子、智能手表等互联网硬件虽然不挣钱，但可以通过广告、电子商务、增值服务等方式来挣钱。

如果没有这两个关键要素之一来支撑，贸然实施免费策略，只能加速企业的衰亡。

但是，真正伟大的企业，从来不把免费作为优选的竞争利器。价格竞争，永远是破坏商业生态的重要力量。比如，苹果手机作为平台产品，本身已经能够从应用服务中或从内容提供商那里获得重要收益，其制造过程也通过外包等轻资产策略降到比较低的水平，但苹果手机绝不轻易降价。在产品或服务的品位和价值方面持续获得突破，才是企业永远不败的法宝。

1.4.4　跨界与包抄

平台包抄战略服务于具有重叠的客户基础和采用近似成分的不同市场。

互联网企业，特别是平台型企业一旦积累起保证双（多）边客户有效互动的技术、管理、规则体系，并将客户吸引到平台之上，形成强大的生态系统，就具备强大的向其他领域扩张与包抄的能力。阿里巴巴从 B2B 到 C2C、B2C，再进入移动支付、金融服务，进而在健康、文化、体育、传媒娱乐等领域布局。苹果从单纯的 PC 产品制造商，通过 iPod/iTunes 转化为平台型企业，再通过 iPhone 扩大和巩固其在平台市场中的地位，进而进入支付、汽车等领域。谷歌、腾讯等公司均有类似的经历。

包抄的本质，是生态系统中的能量传递，即在特定领域中累积起客户、技术能力、服务体系等价值创造方面的强大势能，向具有关联关系的新领域转移或包抄，从而形成巨大的冲击力。需要注意的是，生物学家 R. L. 林德曼（R. L. Lindeman）在研究中发现，能量在传递的过程中逐级递减。

对传统企业而言，平台型企业这种强大的跨领域包抄能力意味着，竞争对手可能来自你完全不了解的新领域，而且他们可能运用与你完全不同的资源与能力，采用你完全不熟悉的竞争战略与你抗衡。

平台的跨界与包抄对创业者也是巨大的威胁。很多平台型企业，如腾讯，常常采用追随战略，在创业者通过艰苦的探索、商业模式得到认可、需求得到初步确认之后，通过模仿创业者的模式，挟原有平台的庞大客户资源，迅速地将创业者冲击得七零八落，包抄在一片瓦砾之中。

平台型企业采用包抄战略，最常用的手段之一是通过交叉补贴来进行竞争。这对许多创新、创业者，几乎是毁灭性的冲击。补贴，意味着企业之间不是拼技术，不是拼模式，而是拼财力。消费者在获得短期的蝇头小利的同时，意味着其长远利益会受到垄断者的践踏和损害。这种竞争对产业生态会带来长期的不利影响，所以是政府公共政策需要关注的领域。

1.4.5 速度为王

速度，似乎是互联网人的宿命。走上了这条道路，生命的步调和节奏便类似于摩尔定律，不断地加速。悠闲与缓慢，对处于竞争环境中的互联网企业来说，是很奢侈的东西。

速度对平台型企业的重要性在于：从战略层面看，如果某个平台由于网络效应、客户转换成本、规模收益递增等力量的驱动，导致赢者通吃，这就意味着追随者用同样的商业模式与领先者竞争，最终只能是死路一条。争取先动者优势，是战略竞争的关键。从客户需求响应的角度看，互联网企业对客户不满反应的迟滞，会导致严重的恶果；对颠覆性的新技术、商业模式的反应缓慢，同样是灾难性的。所以，速度对互联网企业取得竞争优势，在大多数情况下确实是非常重要的。

1.4.6 长尾效应

长尾效应的概念由美国《连线》杂志主编克里斯·安德森（Chris Anderson）于2004年10月第一次提出。他观察了亚马逊网站上的图书和音乐作品的销售后发现，尽管单项的热门产品畅销，高居营业额的前列，但是，由于互联网陈列空间的无限性和联邦快递的存在，使得那些看上去不太热门的产品也在创造着出乎意料的营业额，竟然成为这些新媒体销售收入的主要部分。也就是说，互联网超越时间和空间的限制，把个性化的、零散的、少量的需求汇聚在一起，形成一个更有吸引力的市场。

长尾效应确实是互联网时代的重要现象，长尾中也确实蕴含着重要的商业机会。但对决策者而言，对长尾效应需要正确地进行评估。在类似于亚马逊这样的统一市场上，对音乐、书籍这样高度差异化的产品而言，长尾效应是显著的。但是，在类似于淘宝这样的由众多商家构成的相对分割的市场中，如果长尾商品由在流量分配的竞争中处于劣势的小商家运营时，小商家及其产品根本无法被搜索到，长尾效应则受到了一定的限制。长尾商品的运营者注意到这一点，对其经营战略的成功是非常重要的。

总之，产业平台是供两（多）种需求各有不同但又相互依赖的不同客户群体间进行互动的，由硬件、软件、管理服务体系、政策规则体系以及交互界面等构成的基础架构。而平台运营者、参与互动的多边客户，以及为多边客户互动提供支持或服务的各类行为主体，构成了一个相互依存的生态系统。由于同边效应、跨边效应、聚合效应的存在，平台与平台之间的竞争不再是单纯的平台型企业之间的竞争，而是围绕着每一个平台的生态系统之间的抗衡。

平台型企业作为生态系统的核心，对生态系统的健康和演进方向，负有重要的责任。以持续创新支撑生态系统的自我进化，通过为成员企业提供资源支撑、促进效率提升来提高生态系统的竞争力，理解需求，创造并保持多样性与流动性，并使平台架构及规则能够在稳定性与适应性之间实现恰当的平衡，是平台型企业实现长远利益的关键。以客户为中心、免费、跨界与包抄、迭代创新、速度为王等，则是平台型企业可以考虑的重要竞争手段。

第2章
平台设计与生态系统的结构

像中国三大互联网企业百度、阿里巴巴、腾讯（BAT[1]）一样，构建一个以自己为核心的、具有无限扩张潜力的平台，并成为这个生态系统的主宰，对绝大多数企业家或创业者来说，具有无限的诱惑力。本章探讨平台设计的关键要素，以及平台设计如何影响和决定生态系统的结构与演化动力，以期为创业、创新者提供方向性的指导。

---

[1] BAT 是百度（Baidu）、阿里巴巴（Alibaba）、腾讯（Tencent）三大互联网企业的首字母缩写，代指这三家企业。

2.1 商业模式：关键要素与内在逻辑

平台是诸多商业模式中的一种。Alexander Osterwalder 和 Yves Pigneur 把商业模式定义为企业创造价值、传递价值、分享价值的基本原理。[1] 他们识别了商业模式的九个关键构成要素，并把这些要素画在一张画布上：核心资源、核心经营活动、关键合作伙伴、成本结构、市场细分、客户关系、价值主张与价值创造、渠道、收入来源。他们认为，把这九种要素描述清楚了，也就把一个企业的商业模式描述清楚了。

Osterwalder 和 Pigneur 识别的商业模式关键构成要素，对我们理解商业模式起到了巨大的推动作用。但是，如果我们能够构建起商业模式关键要素之间的逻辑联系，对我们设计或创新商业模式，包括平台，会具有更大的价值。

当创业者构想自己的商业模式，或者企业谋求商业模式转型时，需要思考的关键问题及其逻辑联系如下：

- 在众多的潜在客户中，哪些（个）是我优先定位的潜在客户？我定位的客户的核心的、主导的需求是什么？

---

[1] Alexander Osterwalder, Yves Pigneur, Business Model Generation: A Handbook for Visionaries, Game Changers, and Challengers, *Journal of Product Innovation Management*, 2012, 29（6）：1099–1100.

- 根据客户需求，确定企业的价值主张。简单地说，即企业通过何种途径、方法或产品服务满足客户的何种需求？
- 实现企业的价值主张，我们需要展开哪些关键经营活动？
- 展开这些经营活动，内部需要何种资源与能力的支撑？外部需要与哪些关键合作伙伴进行合作？
- 依托内部资源和外部合作伙伴展开经营活动为客户创造的价值，企业通过何种渠道传递给其定位的客户？
- 开展核心经营活动，实现企业的价值主张，我们能够获得哪些收入来源，达到何种收入水平？
- 培育、获得关键资源与能力，拓展渠道与合作伙伴，展开经营活动，我们的成本结构是什么样的？

联合关键伙伴，培育资源与能力，展开经营活动，重在价值创造；通过特定渠道，将企业与客户联系起来，重在价值传递；而收入减去成本，就是企业在价值分享中可以获得的部分。把这些关键要素及其关系清楚地描述出来，也就描述清楚了企业的商业模式。

2.2 设计属于你的平台模式

作为互联网时代最重要的商业模式之一，平台设计时要考虑的核心问题，与商业模式设计时要考虑的问题，总体上是一致的。当然，有些平台设计时要考虑的问题更复杂、更具体一些。虽然有些重复，但这里还是要再强调一下：

- 在众多的潜在客户中，谁是平台优先定位的潜在客户？
  - 不同类型客户的关系结构是什么样的？
  - 是竞争还是互补？数量众多、高度分散，还是寡头垄断？
  - 我们定位潜在客户与我们业务相关的、核心的、主导的需求是什么？客户的需求是同质的，还是高度差异的？对单边网络而言，客户同质性高的市场，更容易构建平台，如腾讯。对双边网络而言，上游客户高度分散，而下游客户需求高度差异的市场，更容易发展成功的平台，如淘宝。
  - 客户对平台的需求强度到底有多大？
- 我们选择何种产权制度安排，能够满足核心客户的核心需求，从而能够将其吸引到平台上，并保持黏性？
- 我们如何设计平台规则，才能吸引上下游的客户，并保证他们能够进行有效的互动，进而达成各自的目标？
- 我们如何根据定位的客户的需求，确定我们的价值主张？
- 实现这样的价值主张，我们需要展开哪些关键的经营活动？

第 2 章
平台设计与生态系统的结构

- 展开经营活动为客户创造的价值，通过何种渠道传递给客户是最优的？
- 展开这些经营活动，内部需要何种关键资源与能力来支撑？
- 展开这些经营活动，外部需要与哪些关键合作伙伴进行合作？
- 实现价值主张，为客户创造了价值，我们能够通过哪些途径获得收入来源？获得的收入能够达到何种水平？
- 展开那些经营活动，获得关键资源，联合关键合作伙伴，拓展相应的渠道，我们的成本结构是什么样的？

上述问题解决方式，基本决定了围绕着平台的生态系统的物种类型、每一物种的数量或规模、不同物种之间的角色定位、不同物种之间的互动方式、互动过程中的相对地位、能量的传递和价值创造、生态系统的演进方向等，也就决定了生态系统的基本结构、演进动力，以及价值创造的能力。

下面我们选择关键问题，做重点讨论。

2.2.1 市场细分、客户定位与价值主张

平台设计者首先需要考虑的问题是：在众多的潜在客户中，谁是我们优先定位的潜在客户？我们定位的潜在客户与我们业务相关的、核心的、主导的需求是什么？他们对平台的依

赖强度或者需求的强度是怎样的？

这些问题看似简单，但对其进行理性、准确的判断却并不容易。比如一个普遍的共识是，大健康产业，包括医疗市场，是未来最有可能诞生类似于淘宝级别的平台的极少数领域之一。所以，十年多前就有很多创业者、投资者致力于创建各类医疗服务平台。但到目前为止，还是鲜有市场化的医疗服务平台获得真正的成功。重要的原因之一，是平台创立者没有对市场做恰当的细分，并找到合适、精准的市场定位。

首先，医疗市场中的不同行为主体，并非处于完全对等的地位。高水平医疗资源处于短缺状态；优秀医生的时间，也是高度稀缺的资源。高水平的医院、医生对目前许多医疗服务平台，如对接医院与患者的挂号平台等，需求强度基本为负。也就是说，将挂号资源配置于外部平台，在某种程度上是医院相关部门或人员的损失。而低水平的医院、医生具有通过平台扩大自身品牌影响力的动机，但却难以赢得消费者的信任。所以，平台设计者若不能找到合理的定位，切实为双边客户创造符合他们预期的价值，就很难把客户吸引到平台上。

其次，医疗行为高度专业，且存在风险，医生对参与平台互动会相对谨慎。对互动内容和方式，都要做出慎重的选择。

最后，患者因为隐私，对参与平台互动也会有所选择。

而健康产业价值链包括（中西）医药、医疗器械、保健、诊断、治疗、康复等复杂环节，涉及的专业和技术领域更是极其广阔。消费者健康水平差异很大，疾病谱同样非常复杂。所以，市场细分的视角和维度数不胜数。坦率地说，我们现在还无法确定大健康产业，到底可以区分出多少细分市场；每类细分市场的客户需求到底应该如何描述。但可以确定的是，如果我们不能根据平台功能识别出对平台具有高强度需求的客户群体，平台的设计与建设将面临巨大的挑战。从特定的细分市场切入，双边客户超越临界规模以后，形成一个活跃的生态系统，再向其他细分市场包抄，是平台成功的关键。

2.2.2 客户定位：双（多）边客户的匹配

一般而言，客户定位要考虑的基本原则包括三个方面：客户需求与平台价值的匹配性；为客户提供平台服务的财务吸引力；构建、营销及运营平台的难度或成本。

但平台客户定位与一般产品或服务市场客户定位的不同之处在于：必须同时考虑双边或多边客户的定位，特别需要考虑互动的需求强度，以及平台能够为双边、多边客户的互动创造何种价值。

平台的意义和价值在于：让在传统模式下无法建立联系、无法实现互动的客户通过平台实现联系和互动，并通过这种联系和互动为双方创造新的价值；让过去存在联系和互动的双边客户以新的方式实现更为深入的互动，或者以更低的成本实现更为可靠、更为广泛的互动。

但是，双边客户仅仅具有互动需求对平台的成功是远远不够的。平台设计者在构建平台之前，必须检验平台促使双边客户建立"有效"互动的基本假设是现实、可行、可靠的，而不是建立在一厢情愿或理想主义的基础之上。

P2P 平台对应的是传统商业银行，其本质是要替代银行的风险经营功能。核实资金需求方的真实投资目的、前景，可供抵押或担保的资产的质量和数量，以及评估可能的风险等工作，是由银行来完成的。银行借由经营风险为借贷双方创造价值进而获利。

如果 P2P 生存于下面这种理想世界之中，一定会大行其道，飞速成长：资金需求方会真实准确地描述资金的投向及项目的具体状况、未来的前景与回报，可能的风险及抵押/担保。资金提供方拥有专业的知识和能力，可以根据相关的信息科学地做出决策，并愿意承担与自己决策相对应的风险。资金提供方能够提供的资金数量、时间/周期与需求方需求的资金数量、时间/周期基本一致。

但是，"理想很丰满，现实很骨感"。借方不仅会隐藏信息，夸大未来的投资回报，甚至会有意造假、存心欺诈。贷方遇到风险，则可能围攻平台型企业，甚至围堵政府大门。还有某些企业设立的目的就是以P2P的名义实施诈骗。

P2P平台创立者或投资者认为，平台可以通过以下途径弥补理想世界的不足：借方的行为可以借助于互联网、大数据等途径加以识别；或者走到线下，通过实地考察加以甄别，即所谓O2O。贷方知识、能力的不足，平台可以通过相关专业知识的传递来加以补充。借贷双方的匹配可以通过拥有海量的借贷双方客户加以解决。P2P的诈骗行为则需要政府管制加以控制。

显然，虽然上述假设比理想世界接近现实，但依然是空中楼阁。只有在平台双边客户达到足够的规模，大数据挖掘能力足够强，并且具有线下、线上客户服务资源有效支撑的情况下，P2P平台才具有成功的可能性。依照现在的模式，多数P2P平台的成功是偶然的、短期的，出问题是必然的。看到别人取得了初步的成功，就一味追随，风险是非常高的。

2.2.3 价值主张

通过精准的市场细分，辨识有价值的客户，平台就可以确定自己的价值主张，即平台通过何种途径、方式，满足客户的何种需求，为客户创造何种价值。精准有效的价值主张陈述，能够为以后的经营活动选择及市场开发策略制定、资源与能力培育、渠道建设和关键合作伙伴选择等，提供方向性的指导。

价值主张，是随着商业模式概念的兴起而逐渐为人们所重视的一个概念。从某些企业的使命陈述或者功能定位的陈述中，可以看到该企业价值主张陈述的影子。比如，中国银联在其"使命与职责"中陈述：

● 依托银联跨行交易清算系统（CUPS），中国银联制定和推广银联跨行交易清算系统入网标准，统一银行卡跨行技术标准和业务规范，形成银行卡产业的资源共享和自律机制，从而对银行卡产业的发展起到引导、协调、推动和促进作用。

● 各商业银行通过中国银联的银行卡跨行交易清算系统，实现系统间的互联互通和资源共享，保证银行卡跨行、跨地区和跨境的使用。

● 中国银联的主要职责是负责建设和运营银联跨行交易清算系统这一基础设施，推广统一的银行卡标准规范，为商业银行、特约商户、持卡人提供跨行信息交换、清算数据处理、风险防范等银行卡基础服务，推动银行卡产业集约化、规模化发展，同时联合商业银行，创建银行卡自主品牌。

中国银联的使命陈述，大致勾画清楚了它的价值主张。当然，中国银联更多地强调其对产业发展的责任，而没有清晰明确的客户服务意识，这与政策赋予它的垄断地位有关。

2.2.4 多边客户的关系结构与平台的股权结构

在考虑客户定位的时候，平台设计者不仅要关注谁是优先定位的客户，还需要特别关注客户关系的结构：

- 客户是众多分散，还是相对集中？客户间的地位是相对平等，还是某些客户居于主宰地位，或者其品牌具有特殊的影响力？
- 加入平台，会以何种方式影响其未来的相对竞争地位？
- 客户之间是竞争、互补的关系，还是无关？如何选择客户定位，使其能够将竞争的关系转化为互补的关系，进而构建一个共生共荣的生态系统？

如果平台定位的某一边客户相对集中，平台设计者面临的潜在威胁就是，客户中规模大、实力强的寡头垄断者，可能具有自己构建平台，或者联合他人共建平台的动机。另外，这些寡头还关切，如果加入平台，自己与客户互动的数据为平台控制者所掌握，是否会使自己在未来的竞争中处于不利的地位。

如果平台设计者在设计平台架构、股权结构时没有考虑到寡头垄断者的利益，而是想要建立一个完全为自己所控制的私有平台，就很难将其吸引到平台上，甚至会促使其另行构建平台。相反，居于垄断地位或者具有重要影响力的客户一旦成为平台的客户，对平台吸引同边或跨边的客户，就具有重要的示范作用。平台在定价时，必须考虑这类客户影响力的价值。

中国银联，成立于 2002 年 3 月 26 日。中国银联客户中的重要一方是发卡行和收单行。在中国银联创立之前，工、农、中、建四大行，都自己独立建立了银行卡平台，并独立发行或与国外机构合作发行信用卡。但这些平台仅仅是银行的私有平台，其价值创造能力有限。为了解决这个问题，中国银联在央行等机构的支持下，联合工、农、中、建、交等 85 家金融机构，共同发起创立中国银联。开放的股权结构安排、中立无偏的地位，为中国银联快速构建银行间的结算、清算网络，进而成为一个国际化的平台，创造了必要的基础条件。

1995 年，通用汽车建立全资子公司 OnStar（安吉星），目标是构建一个基于现代物联网技术的定位于多边客户的互动平台。但是，由于没有考虑到客户的关系结构，最终从一个拥有无限想象空间的公共平台，转化为仅有有限价值的内部私有平台（详见本章最后一节）。

万达商业广场（后文会对其进行详述）这样一个实体平台，上游商家客户虽然是相对分散的，但不同客户的地位并不是平等的。比如，沃尔玛的品牌具有重要影响力，对下游客户的吸引力要远大于普通商家，所以，万达在招商顺序、定价（租金价格）策略的选择等方面，都给沃尔玛以显著的倾斜。

2.2.5 平台的基础架构和资源与能力建设

识别并确认双边或多边客户需求之后，平台设计者需要评估的问题是：

- 平台的硬件、软件、管理服务体系如何构建，才能够有效满足客户的需求，实现平台的价值主张？
- 构建软件、硬件、服务体系，展开核心经营活动，内部需要何种关键资源与能力来支撑？需要的资源与能力，我们具备多少，还缺多少？外部需要与哪些关键合作伙伴进行合作以弥补缺少资源的不足？我们能够与关键合作伙伴建立起互信、互利的合作关系吗？
- 平台的设计、建设、运行、营销的成本结构是什么样的？我们现在拥有的资源，以及未来可能获得的潜在资源，能够支撑到获得预期收益的时候吗？

BAT令人目眩的成功，使得构建平台成为很多创业者的梦想。但是，并不是任何创业者都可以成为成功的平台创立者。在起步之前，对平台架构建设、运营、营销等需要的资源与能力支撑，做出审慎的评估，是非常必要的。

平台基础架构设计除了要考虑平台定位客户的需求外，还有关注下面几个问题：

首先是结构的稳定性。平台的技术架构以及由技术架构决定的成员企业与客户之间、成员企业之间的交互方式，应该是相对稳定的，不能经常产生巨大的变化，否则会造成额外的学习成本和适应成本。

其次是客户体验与应用情境的连续性。平台保持持续进化的能力，必须要不断引进新技术。但新技术引进后应实现渐进的变化，而不是剧烈的革命，否则会提高客户的学习成本。

最后是可预见性。平台及其生态系统的结构可以变化，但变化的轨迹是可预测的。

2.2.6　平台规则与生态系统的可持续性

平台设计：规则的重要性

平台规则是平衡生态系统利益相关者之间的关系，规范多边客户之间的合作与竞争，处理利益相关者矛盾与冲突的基本准则；是创造生态系统可持续进化动力机制的关键。

规则的制定，建立在对平台长期价值和生态系统可持续发展目标的深切理解、对达成目标所处环境的深切感知的基础之上。制定规则需要在稳定性和创造性、持续性和适应性之间寻找一个最佳的平衡点。当外部环境发生重大变化或平台长期目标做出重要调整时，平台规则若不做创新或调整，一定会影响平台适应变化的能力。但是，为了短期利益、短期目标而随意对规则进行调整或修订，只能导致平台参与者的无所适从、消极应对，甚至激烈反抗，造成生态系统的紊乱，甚至恶化。

不久前微信圈里盛传一个帖子：中国足协奇葩事件Top10。中国足协显然可以视为一个平台。在足协的协调下，各个球队实现了与观众的互动，并通过整合电视转播权、广告等活动，使平台价值得以变现。作为中超联赛、足协杯联赛等竞赛平台的管理者，足协对自身的使命、足球运动的核心价值及可持续发展缺乏基本的理解，经常为了一些迎合上级的临时目标或短期目标，或者仅仅为了显示自身的存在感，任意修改规则，结果在赛场内外出现了一系列让人啼笑皆非的事件。最后，这些新的规则都无果而终。

平台的规则包括明确的规则与隐性的规则两个部分。我们首先讨论隐性的规则。

规则的结构：隐性的部分

隐性规则是指隐含于平台关键决策者意识深处，却对平台政策制定具有重大影响的部分。首先是平台经营者如何平衡平台自身与客户的关系。

一般而言，平台与客户在创造价值的时候，是合作性关系；在分配价值的时候，是竞争性关系。在竞争与合作的持续交替过程中，平台经营者需要在自身利益与客户利益、短期利益和长期利益之间寻找一个平衡点。

大多数平台型企业在处理与生态系统成员的关系时奉行实用主义原则：视平台与生态系统成员双方权力的大小。如阿里巴巴在淘宝上线初期为了吸引商家加入淘宝平台，曾经承诺，不对商家收费。但当其取得垄断地位之后，开始滥用其自身拥有的权力，对那些实力弱小而又高度分散的商家收费。

在传统战略理论中，平衡利益相关者关系的关键，是看权力的大小与利益的一致性程度。那些拥有最大权力，且利益高度一致的利益相关者的诉求会得到最优先的考虑。这个原则在互联网时代总体上依然适用。但是，对权力大小的评估需要考虑到多种可能性。

隐性规则的第二个部分，涉及生态系统中的利益相关者的优先次序：当生态系统中的不同行为主体产生利益冲突的时候，平台作为规则的制定者会优先考虑哪些利益主体的利益？

在易趣的概念体系中，客户仅仅是在易趣平台上开店的商家，因为这些商家才是向易趣付费，给易趣带来收入来源的人。所以，在交易规则的制定方面，易趣偏向于商家。对于买方的退货要求，如果商家无视，平台基本不予干预。同时，为了防止买卖双方直接互动可能导致的同城线下交易，致使易趣无法收到交易费,因此不允许买卖双方直接沟通,也不提供双方直接互动的技术支持。结果,导致生态系统中买方对卖方缺少信任,而卖方则出现劣币驱逐良币的现象:买方担心收到货不满意又无法退货,因而不敢买价格较高的质优产品;卖方只有做虚假承诺、卖便宜的假货成交概率才能提高。易趣在规则方面的缺陷,使其丧失了先动者优势,给了淘宝后来居上的机会。

规则的结构:明确的部分

诉诸文字,或者可明确观察的规则包括以下几个方面:

首先是平台双边客户的产品、行为及声誉的评价规则。如淘宝交易平台的商家产品、地位与声誉的评价规则,买家行为评价规则等。

其次是平台资源的分配规则,如淘宝的流量分配规则。

最后是双边客户互动的程序规则。如支付宝根据中国市场的商业环境创立的担保交易支付程序[1]等。

---

[1] 指2003年,为解决网络交易时买卖双方互不信任的问题,淘宝网财务部尝试作为信用中介建立担保交易方式。其交易流程为:①消费者拍下网络商品,向卖家支付资金,此时这笔资金被支付宝冻结;②支付宝将支付结果通知卖家;③卖家发货,消费者收到货物并确认支付;④支付宝按消费者指令将资金打入卖家账户。担保交易由淘宝网和支付宝配合完成。这一"中国特色"的交易与支付方式解决了网购时的信任问题,并由此推动了中国电商行业的进程,成为国内C2C行业的标准。

上述三方面的规则，在很大程度上影响和决定了生态系统中不同利益主体的相对地位、交互关系，以及可持续发展能力。

　　奥运会是在国际奥委会协调下，各国运动员与观众进行互动的平台。评价径赛运动员成绩的唯一标准是速度，评价田赛运动员成绩的唯一标准则是距离。唯一的评价指标决定了每个项目只能有唯一的胜者。竞争是绝对残酷的。除了平台方的管理和服务人员、裁判以外，场下所有的人都是观众；场上绝大多数的角色仅仅是"重在参与"；鲜花和掌声往往只属于一个人。奥运会的多样性只能取决于项目的数量和种类。

　　同样，如果一个交易平台评价商家地位的唯一标准就是交易额，价格竞争就将极其残酷。拼价格背后拼的是成本。拼成本的手段往往是通过牺牲差异化而追求规模经济，最终可能只有少数企业得以生存。这对中国制造业绝非福音，对平台的可持续发展也会造成重大的损害。

　　平台客户结构的多样性、需求及品位的多样性，决定了规则设计的复杂性和重要性。商家评价规则的设计目标，首先是要引导生态系统内企业多样性，以及产品和技术多样性的增加。其次是要增进生态系统的流动性。生态系统成员之间的相对地位，能够随着这些企业自身的战略决策与资源配置的优化、为客户创造价值的变化，得到及时的调整与变化。也就是说，为客户创造更多价值的企业，其地位应该随着它为客户创造的价值的提升而提升；好的企业更好，差的企业更差。最后是要有助于提升平台的自我进化能力。好的平台能够持续进化和发展，从而带动平台上的补充产品/产业进化与发展，形成具有持续演进动力的生态系统。

对交易性平台而言，实现这些目标的关键，是要从产品、服务、物流等方面，构建多维度、多层次的商家评价规则体系，引导市场细分的深化和市场竞争的多元化，避免使竞争集中于价格手段。另外，平台经营者也需要不断优化平台技术架构，提升技术水平，使得产品质量、品位、风格等方面的独特性，更容易为消费者直接体验和感受到。

2.2.7　平台营销战略

制定平台营销战略，需要注意一个非常重要的概念——临界（Critical）规模。所谓临界规模，是指即将触发网络效应的双边客户数量或水平。以银行卡为例，持卡人和接受银行卡消费的商家数量超过特定的数量（临界规模），就会触发网络效应：持卡人越多，接受银行卡消费的商家就越多；接受银行卡消费的商家越多，持卡人就越多，即所谓跨边效应。之前的持卡人越多，之后的持卡人就越多；之前接受银行卡消费的商家越多，之后接受银行卡消费的商家就越多，即所谓同边效应。

但是，在银行卡市场发展的起步阶段的情形是：没有持卡人，就没有商家接受银行卡消费；没有商家接受银行卡消费，就没有持卡人。之前没有商家接受银行卡消费，之后就很难有商家接受银行卡消费；之前没有持卡人，之后就很难有持卡人。

可以说，对银行卡组织或发卡行来说，双边客户一旦超过临界规模，银行卡平台几乎就是银行卡组织和发卡行的印钞机。但双边客户没有突破临界规模之前，基本上是一个"烧钱"的过程。所以，如何使双边客户突破临界规模，是平台营销战略制定者要考虑的核心问题。

鸡与蛋：孰先孰后？

在平台市场中，跨边效应导致了市场开发过程中的"鸡与蛋"问题：在银行卡市场发展的起步阶段，发卡行是先开发商家还是先发展持卡人？

解决"鸡与蛋"问题的方法之一是采用合适的定价机制。Caillaud 和 Jullien（2003）发现，在跨边网络效应下，最优的定价策略是分而治之、各个击破（Divide-and-Conquer），即补贴平台的一边，并从另外一边获得利润。因为被补贴的一方加入平台的价格非常低，一般会低于成本，甚至免费或被奖励，所以他们会有比较强的动机加入平台。在这一边的用户加入平台并形成比较大的用户规模后，跨边的、间接的网络外部性就能吸引另外一边的用户加入平台。

决定补贴对象选择的关键是用户的价格敏感度：对平台提供者而言，通常的合理做法是对价格敏感度高的一方提供补贴，同时对需求会随另一方的增长而更快增长的一方收费。如百度、谷歌等主要的技术资源都投放在对价格高度敏感的信息搜寻者身上，但定价时对信息搜寻者是免费的。因为吸引了大量的信息搜寻者到平台上，就有了向广告发布者收费的机会。

价格结构及定价策略

平台价格的结构通常包括固定部分和可变部分。平台所收取的固定费用，如会员费、注册费的高低会影响客户加入平台的意愿或可能性（Rochet & Tirole, 2006）。平台所收取的可变费用，例如交易费、使用费等，会影响平台卖家和买家在平台上的交易意愿与交易频率，以及交易后的剩余。平台经营者需要根据市场开发面临的挑战和任务，灵活地决定自己的定价策略。

同边客户的品牌价值与影响力差异：双边网络中的用户并不都是生而平等的，某些"招牌用户"（Marquee Users）的加入对于吸引网络同边或另一边的用户尤其重要,定价时需要考虑其品牌影响力的价值。学者们还发现,一边的价格不仅同成本相关,还和该边的需求价格弹性负向相关,价格弹性越大,价格反而越低。倘若用户对价格非常敏感,平台就需要采用低价策略吸引这一边的用户加入平台,从而增大整个平台的规模(Rochet & Tirole, 2006; Rysman, 2009)。

此外,平台还需要关注竞争对手的定价策略,以及平台的盈利模式:平台除了向双边用户收费之外,还能创造其他收入来源吗?

探讨完平台设计的关键问题以后,我们分析一个案例:通用汽车的 OnStar 平台的设计思路与演进历程。

2.3 OnStar:伟大的创意,辉煌的起点,凄凉的结局

1995 年,通用汽车(General Motor,GM)创立全资子公司 OnStar。在平台建设阶段,GM 选择电子数据系统公司(Electronic Data Systems,EDS)、休斯电子公司(Hughes Electronics Corporation,HEC)作为其关键合作伙伴,完成 OnStar 平台的建设工作。其中,GM 贡献整车设计、制造、分销系统等

资源；EDS 负责软件系统开发、信息管理，以及客户服务技术的开发；HEC 则负责通信、卫星技术，以及自动电子控制技术等资源的建设。

OnStar 平台定位的多边客户包括汽车驾驶人、汽车维修服务商、保险公司、汽车金融服务商、紧急救援提供商，以及汽车制造商等多边客户。OnStar 构想了一系列服务内容，为其定位的不同客户创造诸多的价值：

- 碰撞自动求助。将发生碰撞的地理位置、力度、频率、是否翻车等信息自动发送给相应的救援机构。
- 安全气囊爆开自动求助，紧急救援协助，爱心救助路人，医疗救助协助等。
- 车辆报警提示，包括被非法打开的车辆的具体位置等信息。
- 被盗车辆定位、被盗车辆启动限制等服务。
- 车况监测，风险预警，同时将信息发给相关的维修机构。
- 语音导航等。

OnStar 不仅通过上述服务，直接为驾驶人、汽车维修、医疗救助等机构创造价值，更重要的是，不同参与人可以通过平台实现更有效的互动，并将互动数据记录下来，基于大数据从多个角度为客户创造价值。

首先，平台记录驾驶人驾驶行为与习惯方面的数据，进而实现汽车保险业商业模式的重构，为客户创造更大的价值。传统保险业是针对汽车状况而非保险人行为进行保险定价。但诱发风险的因素不仅和汽车的状况有关，而且与驾驶人的驾驶行为高度相关。获取驾驶人的驾驶行为数据以后，保险的功能就可以从防止意外转向价值创造：通过向具有不良驾驶行为和习惯的人索要更高的保险价格，驱动其改变驾驶习惯，提高安全性。

其次，平台可以随时监控关键零配件的运行状况和安全状况，预警风险，提前维护，从而提高安全性。

再次，平台降低了汽车修理厂、保险公司、驾驶人之间的信息非对称，让不同的行为主体的行为暴露在阳光之下，降低了客户的交易成本，从而实现了价值创造。

最后，也更为重要的是，全面掌握驾驶人的行为习惯、汽车运行状况、安全性等方面的数据，将为汽车制造商未来汽车的设计、市场细分、营销战略制定等决策提供可靠的数据支持。特别是对未来的汽车定制化，将起到重要的支撑作用。

OnStar 使汽车制造这个传统产业迅速拥抱互联网、大数据，进而为未来的定制化、个性化的智能制造创造了必要的条件。在 1995 年互联网发展的起步阶段，GM 具有这样的远见和洞察力，不能不让人感到由衷地钦佩。

第 2 章
平台设计与生态系统的结构

基础架构构建起来以后，GM 最初说服了丰田、雷克萨斯、本田、奥迪、大众和斯巴鲁等公司通过许可协议，采用 OnStar 系统。取得这一重大进展以后，OnStar 的美好未来似乎已经呈现在 GM 关键决策者面前了（参见图 2.1）。

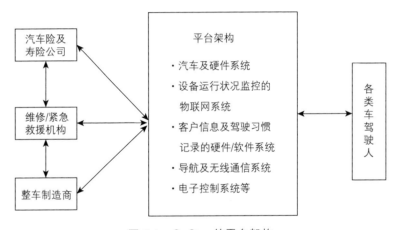

图 2.1　OnStar 的平台架构

- 跨边效应为正：购买 OnStar 服务的驾驶人越多，就会有越多的保险公司、融资租赁公司、维修/救援服务提供商加入平台；平台上的服务机构越多、服务越好，就会有越多的人购买加载 OnStar 服务的汽车；加载 OnStar 服务的车越好销售，就会有越多的汽车制造商加入 OnStar 平台。
- 超过临界规模之后，上游客户之间存在着明显的同边正效应：使用Onstar的驾驶人、与平台合作的维修商和保险商等超越临界规模以后，其他服务机构将越来越需要通过这个平台获得客户。所以，之前与平台合作的机构越多，之后与平台合作的机构就越多。

● 如果平台的服务功能确实可以改变驾驶人的驾驶习惯，提高安全性，并通过降低信息非对称，来降低维修、救援服务成本，也会在一定程度上产生同边正效应：由于口碑相传，将会有越来越多的驾驶人购买加载OnStar服务的汽车，并购买其提供的相应的服务。

另外，客户数量增加，服务的规模收益就会递增；驾驶人习惯这些服务以后，转换平台的成本也会提高。

GM通过掌握这些大数据，将在汽车市场竞争中处于越来越有利的地位，甚至可能傲视群雄。

很显然，如果这个平台设计得当，它能够为自身及其他参与者创造的潜在价值将是巨大的。GM这个天才的、极具想象力的构想，很有可能重塑美国乃至世界汽车制造产业的面貌，拥有无限美好的未来。

但非常遗憾的是，奥迪、丰田、大众等公司很快退出这个平台，有的公司选择独立开发，有的公司选择购买，构建自己可以完全掌控的系统。如宝马发展iDraive系统，大众发展Car-Net系

第 2 章 平台设计与生态系统的结构

统（Car-Net 的 App-Connect 功能可提供对 CarPlay、Android Auto 等的支持，它可让汽车娱乐系统连接到 iOS、安卓和 Windows 设备），等等。

结果，一个拥有无限美好前景、无限想象空间的公共平台，缩减为一个基于 GM 自身部分高端产品的私有平台。平台规模萎缩，服务成本显著上升。参与平台互动的机构减少到临界规模以下，网络效应不再，生态系统严重退化。最重要的是，由于参与平台互动的机构数量显著减少，互动数据的价值大大萎缩。基于大数据的各种创新空间和机会，受到了极大的削弱。

问题出在哪里？奥迪等汽车制造商为什么纷纷退出 OnStar 平台？因为 OnStar 是 GM 的全资子公司，是完全为 GM 所掌控的私有平台！

GM 以外的其他汽车制造商，是这个生态系统中最重要的角色。从全球范围内看，汽车制造产业是一个寡头垄断的市场，厂商数量有限。其中少数几个核心厂商，如日本、德国、美国等几大汽车制造巨头，在产业中居于举足轻重的地位。这些厂商与自己客户互动的数据为竞争对手掌控，并为竞争对手的技术创新、商业模式创新提供支持，产业竞争格局和本企业的相对竞争地位由此而发生对自己不利的变化，毫无疑问，这是这些厂商所不能容忍的。而且，这些厂商自身的资源与能力，足以使其构建属于自己的平台。

换一个角度看，互联网在降低信息非对称的同时，也在创造更大的信息非对称，即平台型企业与生态系统中的其他参与者之间的信息非对称！

在OnStar平台架构，包括传感器、控制器、云计算、通信技术等的支撑下，汽车硬件状况方面的数据在云端上都有记录，各类行为主体的行为数据都有迹可循，可分析、汇总、查询，进而极大地提高了产业的透明度，降低了交易成本。

但是，平台又极大地加剧了平台控制者与平台参与者之间的信息非对称。平台控制者掌握的这些数据如果不向参与者开放，参与者就无法掌握这些数据。比如证券公司，可以看到其客户，包括机构投资者、散户每天的资金投向、拥有的现金资产、股票资产等数据，这就相当于赌场中的庄家能够看到对手的部分牌。虽然不是全部，但对高手来说，其价值可想而知。

GM如果在OnStar架构设计时采用开放而不是封闭的股权结构安排，吸引更多的汽车制造商，特别是那些关键汽车制造商入股OnStar平台，使OnStar平台尽量中立化、公共化而不是私有化，最终的结局绝不至于如此。曾国藩所言"利可共而不可独"，应是多数平台设计和运营者都需要特别铭记的信条。

第 2 章
平台设计与生态系统的结构

与其他商业模式设计一样,平台设计也需要考虑客户定位、客户需求与市场细分、客户关系、价值主张与价值创造、核心经营活动、核心资源、关键合作伙伴、渠道、成本结构及收入来源。不过,平台在考虑客户定位时,不仅要关注客户对平台服务的需求强度、多边客户的匹配关系,而且要特别关注客户的关系结构,它是决定平台中立、开放,还是私有的关键因素,也是决定生态系统成员关系的关键因素。比如,GM 1995 年创立的拥有巨大成功前景和有可能改造全球汽车制造业面貌的 OnStar,就因为忽略了平台最重要的一类客户——汽车制造商所处的行业是一种寡头垄断的市场结构,而采用了封闭的完全私有的股权安排和治理结构,导致本来已经加入平台的其他核心制造商退出,最后萎缩成一个价值有限的私有平台。

决定生态系统成员关系、生态系统进化能力的另一个因素是平台的规则,包括隐性的规则和明确的规则。隐性的规则,涉及当平台的利益与平台其他参与者的利益产生冲突、平台的不同利益相关者产生冲突时,平台处理这些冲突的基本准则。而明确的规则包括平台双边客户的产品、行为及声誉的评价规则,平台资源的分配规则,双边客户互动的程序规则,等等。平台规则设计的出发点,是提升平台的健康水平,促进平台的持续进化能力。

第3章
模式创新：价值创造、攫取，还是破坏？

　　克里斯滕森的"颠覆性创新"概念一经提出，立即引起广泛共鸣，同时也造成这样一种感觉：颠覆在某种程度上代表着进步，代表着不可逆，代表着无法阻挡的未来……

　　一种新的商业模式一旦创立并引起初步的市场反响，就有一大堆的追随者蜂拥而入，还有好几堆的投资者围追堵截。模式创新，特别是颠覆性的模式创新，似乎成为创业者的最高境界、投资者的最高追求。而投资者在评估创新企业价值的时候，对未来，重点关注的是商业模式、管理团队等；看现在，则主要关注客户占有量、活跃度、黏性等，几乎从不过问财务业绩。关注财务数据，显然是落伍了，是要被人笑掉大牙的。

但是，很多敞开胸怀拥抱新模式的投资者不仅未能获得预期的回报，反而蒙受了巨大的经济损失，比如仅在团购领域投资者的损失就数以千亿元计。

如果我们能够创造一种方法或模型，在一个新的商业模式构想付诸实施之前，就对其潜力与价值做出客观的评价，这对创新创业者淘汰"馊"模式，避免无谓的浪费，同时对有潜力的模式创新提高必胜的信心；对投资者选择正确的投资方向；对政府管理者制定正确的引导政策，都具有极其重要的价值。

正如前文所述，平台是众多商业模式中的一种。本章试图构建一个基于价值的评估架构，从价值创造、价值攫取、价值破坏的视角，对新的商业模式的价值和潜力进行评估，希望能够在一定程度上解决这个问题，以期为企业实践提供参考。

3.1　商业模式及其价值评估

商业模式是指企业创造价值、传递价值、分享价值的基本逻辑和基本原理。对不同的利益相关者，一种全新商业模式的价值并不相同：对有些利益相关者是价值创造，对有些利益相关者是价值攫取，对另外一些利益相关者则可能是价值破坏。

第 3 章
模式创新:价值创造、攫取,还是破坏?

所以,我们从企业和社会两个层面来度量商业模式的价值。

我们将商业模式创新的企业价值定义为商业模式创新者通过商业模式创新而能够获取的相对潜在价值的总和。阳光下没有绝对新鲜的东西。任何一个创新性的商业模式,都能找到一个或多个与之对应的或者受其冲击或影响的传统模式。我们将传统商业模式中最具竞争力的模式定义为"被替代的最佳商业模式"。这里使用"被替代"一词,并不意味着新模式一定能战胜传统模式,只是描述二者之间的竞争关系。

商业模式创新的价值是相对的,是比较的结果。计算新模式价值的基准(Benchmark)是与新模式相对应的被替代的最佳模式:

企业价值 = 新商业模式的预期价值 − 被替代的最佳模式的价值

新模式的预期价值取决于商业模式的客户定位、价值主张、收入来源及成本结构等。比如对 B2B 业务,新的商业模式可能帮助客户实现业务量增长(如创造新的需求、接触到新的客户等)、附加价值及利润率提升、客户满意度提高等;或者帮助客户降低运营成本、潜在风险、投资需求等,进而获得自身的收入来源。所以,这里的收入来源不仅仅是指从客户身上获得收入,而且强调获得收入的方式:是通过为客户创造价值进而分享价值，还是利用某种权力攫取客户的价值。

如果创新者的收入源于价值创造条件下的价值分享，我们就可以将商业模式的价值量化为：

新商业模式的预期价值 = 新商业模式的收入来源 − 成本结构

被替代的最佳模式的价值 = 被替代的最佳模式的收入来源 − 成本结构

公式中的收入来源是狭义的收入来源，即从哪类客户身上获得收入，以及获得收入的数量或水平。

选择一个比较简单的例子。智能手机新的商业模式替代了传统手机的商业模式。苹果智能手机替代的最佳产品代表，可以视为诺基亚手机。毫无疑问，苹果手机是建立在价值创造基础上的价值分享，而不是利用特殊权力剥夺客户价值。所以，苹果手机对股东、对客户的价值反映在客户可以接受的价格上。苹果手机作为一个平台型产品，其客户是多边的，收入来源也是多重的：

● 通过为客户提供功能强大、品质卓越的手机，从购买者那里获得销售收入；

● 通过为应用程序、内容提供商提供便捷可靠的渠道获得其内容销售收入、应用服务收入的提成；

第 3 章
模式创新：价值创造、攫取，还是破坏？

- 苹果手机平台除了开放给应用程序提供商以外，还搭载苹果自身的应用服务，如手机支付业务等，所以，第三个收入来源为从苹果手机自己的应用服务中获得的收入。

苹果手机的成本结构包括研发、制造、营销、销售、服务等方面的固定成本及可变成本。

诺基亚手机业务的收入来源很明确，即手机的销售。其成本结构与苹果手机基本相同。

比较二者的收入来源和成本结构，以及建立在产品功能、特色基础上的预期市场份额、手机售价，很容易做出判断：苹果手机商业模式的企业价值，远远高于其替代的最佳品商业模式的企业价值。

所以，创新商业模式的企业价值，反映了新商业模式的替代能力、市场冲击力，以及可持续发展的能力。

企业价值越大，利润空间越大，后续投资能力越强。当然，企业价值越大，后续的追随者也会越多。如何构建壁垒，也是新模式的创业者和投资者需要考虑的问题。

企业价值等于零，意味着新模式相对于已有的最佳替代模式而言没有竞争优势。在产能严重过剩的背景下，生存将会非常艰难。如果企业价值为负，从长期看，基本没有成功的可能性。

但是，如果创新者的收入源于对客户自身创造价值的攫取或剥夺,即便创新者可以在短期内利用特殊权力,如垄断地位等获得正的收入来源,但由于客户价值未能增加,因此能够支付的价格会非常有限。而且客户对模式创新者会非常不满,如果存在转换机会,客户就会逃离,公司的营销成本和其他成本一定会很高。所以,从长期看,这种商业模式创新者的企业价值一般是负的。

创新者除了需要评估商业模式创新的企业价值以外,还需要评估模式创新的相对社会价值。我们将相对社会价值定义为:

相对社会价值 = 新模式的预期社会价值 – 被替代的最佳模式的社会价值

商业模式的相对社会价值,不是在企业层次上进行比较,而是在两个商业模式所代表的"商业模式集团"的层次上进行比较。我们将商业模式集团定义为采用相同或类似商业模式企业的总和。

新商业模式的预期社会价值,度量的是新商业模式给企业及其客户以外的其他利益相关者,如员工、商业合作伙伴(如供应商)、政府及所在社区、相关的知识产权所有人等,带来的预期价值的总和。

第 3 章
模式创新：价值创造、攫取，还是破坏？

同样，被替代的最佳商业模式的社会价值，是指被替代的最佳商业模式给企业及其客户以外的其他利益相关者，如员工、政府及所在社区、相关的知识产权所有人、商业合作伙伴（如供应商）等，带来的价值的总和。

还以苹果手机为例，以苹果手机为代表的智能手机生产者集团，对以诺基亚为代表的传统手机生产者集团形成了巨大的冲击甚至替代。当然，部分传统手机生产者转型为智能手机生产者，所以，二者之间存在一定程度的重合。智能手机生产者集团的社会价值体现在智能手机给员工带来的就业机会、给政府带来的税收、给生态系统的合作伙伴如上游的 OEM 制造商、应用程序开发商等带来的价值的总和。以诺基亚为代表的传统手机生产者集团的社会价值体现在该集团带来的就业机会、税收及合作伙伴价值的总和。二者之差，就是以苹果手机为代表的智能手机生产者集团的相对社会价值。相对社会价值越大，新商业模式带来的社会价值越大。

多数商业模式的创新者并不关心创新的社会价值。但是，"出来混，总是要还的"。即便不考虑企业的社会责任，创新者重视模式创新的相对社会价值也是必需的。因为使其他利益相关者蒙受损失的模式创新必定导致反抗，进而给创新者带来损失。比如，淘宝若任假货在其平台上横行，在其国际化的过程中必将遭到知识产权方面的法律纠纷。滴滴冲击了出租车司机的饭碗,也招致了类似于游行、罢工等向政府施压的反击手段。这必将影响新模式的前景或运行成本。

商业模式的相对社会价值越大,招致的反抗程度越低,能够获得的社会支持越大。所以,相对社会价值反映了新商业模式承受社会冲击的能力。

将商业模式创新的企业价值与相对社会价值结合起来,我们做如下定义:

- 如果企业价值+相对社会价值>0,我们称这种商业模式为价值创造型模式。

- 如果企业价值+相对社会价值=0,则称这种商业模式为价值攫取型模式,即该商业模式创新者与被替代者之间是零和关系,创新使价值在不同的利益主体之间重新分配,但价值总量没有增加。

- 如果企业价值+相对社会价值<0,则称这种商业模式为价值破坏型模式,即在这种商业模式下,创新或者损人不利己,或者给他人带来的损失远大于给自身带来的收益。

对于不同的商业模式创新,政府的公共政策应该有明显的不同:

- 对价值破坏型模式,政府应该通过税收、准入等政策加以

第 3 章
模式创新：价值创造、攫取，还是破坏？

限制。

- 对价值攫取型模式，适用的基本规则是丛林法则："物竞天择，适者生存"，但政府有责任保证公平竞争。
- 对价值创造型模式，在导入阶段政府应适当鼓励、给予补贴等。

由于缺少有效的判断标准和方法，政府对商业模式创新的基本态度，要么是盲目鼓励（如泛亚事件），要么是被动观望，根据发展的情况再做出选择。出了问题，限制；发展好了，支持，进而算作自己的政绩。这种做法导致社会蒙受了大量的损失，如 P2P。希望我们提供的工具，能够为监管工作提供思路。

需要指出的是，对创新性商业模式的相对社会价值做出精准的定量评价几乎是不可能的。但是，在清晰概念和逻辑支撑下的定性评价，对战略决策依然是非常重要的。

3.2 淘宝、滴滴、团购……潜力几何？

下面，我们选择几个典型的创新性的平台模式，运用我们构建的商业模式价值评价方法，对它们的商业模式创新的潜力进行评估。

3.2.1 以淘宝为代表的 C2C 购物平台

在 C2C 互联网平台发展之前，C2C 业务在农村主要以集市的方式存在，在城镇主要以小商品批发市场的方式存在。淘宝平台对应的被替代的最佳商业模式，可以视为国内规模最大、经营最好的城市和城镇批发市场的经营者。批发市场经营者的收入源于商家的租金。其成本结构包括批发市场的建设、运营管理、营销、服务等成本。

- **定位**。C2C 平台定位于双边客户：商家，包括个体创业者及小微企业；买家，主要为对价格比较敏感的个人客户，也包括部分机构客户。

- **收入来源**。C2C 平台通过广告、支付及基于数据的信贷等低成本金融服务、物流支持、数据挖掘、向部分商家收费等途径实现多重收入来源。由于淘宝平台具有的跨边正效应、规模收益递增等因素的作用，在平台上运营的商家和买家的数量可以达到被替代的最佳模式无法企及的规模。所以，当超过临界规模以后，淘宝在多重收入来源基础上的收入水平远远高于受到空间限制的实体批发市场平台。

- **成本结构**。C2C 平台的成本主要是指与平台设计、建设、运行与优化、营销等相关的固定成本和可变成本。前期成本较高，但双边客户一旦超越临界规模，触发网络效应，平台就可

第 3 章
模式创新：价值创造、攫取，还是破坏？

以通过规模经济、范围经济赢得巨大的成本优势。

毫无疑问，淘宝平台的企业价值为正，而且相对于传统平台，其优势极其明显。

淘宝平台的社会价值：淘宝为无法在实体平台上开店的小商家，特别是农村等偏远地区的商家，创造了成本更低的创业与发展机会，可以使其超越时间和空间的限制，接触到在传统模式下完全无法接触到的客户；同时，淘宝还通过低成本的金融服务，对商家的创业和发展提供了助力。淘宝为合作伙伴之一的物流公司创造了大量的就业机会，为消费者提供了更为丰富、成本更低的产品选择；既创造了新的供给，也创造了新的需求。淘宝平台与传统的实体平台经营者和商家存在部分替代关系，限制了他们的规模和盈利空间，但并未完全替代实体批发市场平台及其商家。但在现行政策条件下，淘宝平台对政府的税收贡献有限。

在批发市场经营者提供的实体平台上，商家与客户之间在小范围内互动，产品选择空间小，条件艰苦，盈利有限。

所以可以判定，C2C平台不仅企业价值为正，相对社会价值同样为正，属于价值创造型平台，政府应该给予鼓励与支持。

而以天猫为代表的B2C平台，则与实体店产生比较多的替代。在价值创造的同时，也包含着较大的价值攫取过程，导致许多实体店的经营陷入困境。

3.2.2 以滴滴为代表的汽车中介服务平台

与滴滴平台对应的是传统出租车公司。出租车公司通过向司机提供运营资格获得收入，即所谓定额的"份钱"，并对司机进行管理；同时，向政府及相关主管机构缴纳税收及特许费，并接受其规制。出租车公司的成本结构，主要就是管理成本、上缴给国家的税收和主管部门的特许费，少部分城市如上海等，还包含车辆折旧费等。

在传统模式下，多数司机通过"扫大街"的方式随机地发现客户。高峰时乘客找车难，非高峰时司机发现乘客难。也有部分司机能通过出租车公司的呼叫中心获得乘客需求的信息。但多数城市的出租车较为低端，规格基本一致，客户多样化、多层次的需求难以得到有效满足。

滴滴平台的双边客户包括拥有汽车及闲暇，并希望能够利用汽车资产增加收入者，以及渴望便利出行但缺少合适交通工具者。

价值主张与价值创造：通过滴滴出租车、专车、快车、顺风车、智能巴士、代驾、企业用车等满足不同层次需求的产品，将乘客的需求和司机的服务通过平台连接起来，缓解城市交通拥堵问题，提升城市运力，为城市交通提供整体解决方

第 3 章
模式创新:价值创造、攫取,还是破坏?

案。相对于传统模式,滴滴平台产生了如下效应:

- 创造了新的供给,通过低成本的中介服务,使市场上可供使用的资源总量及其多样性显著增加,消费者的及时性、便利性、舒适性等需求得到了更有效的满足。

- 创造了新的需求:从长期看,改变了产权观念和生活/工作方式,使部分消费者和企业不再以拥有为目标,降低了固定成本和资源闲置的概率。

- 不仅为滴滴司机创造了利用闲置的汽车资源增加收入的机会,也提供了信息服务与支持,使其不需要像出租车司机一样"扫大街",降低了发现乘客的时间成本和能源成本。

- 通过拼车、顺风车等,产生缓解交通拥堵、改善城市环境等外溢效应。

平台的收入主要源于乘客付给滴滴司机的价格差,但与出租车的"份子钱"不同。份子钱的本质是出租车司机为了获得稀缺的牌照资源而缴纳的固定许可费。而滴滴司机向平台按照实际成交额的一定比例缴纳的费用更多的可以视为一种信息服务费。当然,滴滴司机愿意支付的价格一般不会超过自己发现乘客的油费和时间成本。另外,平台可以通过与O2O相关的社区推广、广告、数据挖掘等获得收入。

平台的成本除了包含平台的设计与运行成本、对滴滴司机的管理和对乘客的服务（如保险等）成本以外，最重要的是改变消费者的生活习惯与理念，以及在众多竞争者中脱颖而出所需要的营销投入。

由于消费者存在跨地域的交通需求，所以，跨边效应为正，即在特定平台上的车（司机）越多，订车成功率越高，乘客越多；乘客越多，越能吸引更多的车到这个平台，而且规模收益递增。

我们的基本判断是：从企业价值层面看，滴滴平台在双边客户没有超过临界规模之前的价值是负的。因为让客户改变习惯的成本是高昂的。但从长期看，如果滴滴平台的双边客户超过临界规模，并且构建起合适的客户黏性，那么，企业价值可能为正。

需要指出的是，相对于出租车模式，滴滴平台模式未来存在收入流失的风险：乘客与特定地域的滴滴司机的联系建立起来后，滴滴面临被抛弃的可能。对乘客的好处是，这有助于降低滴滴达到垄断地位之后，滥用支配力量，提高向滴滴司机收取的费用，进而提高乘客支付的价格的可能性。

但滴滴攫取了出租车司机的部分收入，甚至导致部分出租车司机失业，剥夺了出租车公司的部分利润，也减少了政府的税收。其相对社会价值可能为零甚至为负，存在显著的价值攫取效应。

政府对滴滴等平台的基本政策,应该是规范竞争行为,创造公平竞争的环境。对平台之间通过补贴的方式进行竞争应给予严格的限制。因为补贴拼的是财力,而非技术和模式。从长期看,一定会损害消费者的福利。对于平台与出租车公司之间的竞争,政府应该通过向平台征税,以保证不同模式之间的竞争能够在公平的环境下进行。

3.2.3　团购平台:以餐饮为例

餐饮业的传统运营模式为:消费者根据对周边商圈的了解和个人偏好决定餐馆选择;餐馆经营者根据自身条件决定餐饮特色和客户定位,通过区位选择、口碑和其他传统营销手段等奠定市场地位;收入源于消费者支付的价格;成本结构包括房屋租金、装修、人员工资、奖金及其他费用,菜品研发、食材等运营费用,营销与销售费用等。总体来看,餐饮业最近两年由于受环境影响,收入来源减去成本结构之后的剩余空间非常有限。

近年来日渐兴起的餐饮团购平台,主要定位于对价格敏感的消费者和拥有闲置空间资源的餐馆。

价值主张可以描述为:通过构建有影响力的平台,将产品及价格优惠的信息传递给消费者以帮助餐馆节约营销成本;为消费者赢得价格优惠。

平台的收入来源主要是价差、广告等。平台的成本结构包括平台设计、运行、优化的固定和可变成本、营销成本等。需要注意的是，平台一方面降低了餐馆的菜品价格，进而缩小了餐馆的利润空间；另一方面还从降低的价格中攫取了一部分作为其收入来源。所以，如果团购平台没有其他更有效的价值创造途径，那么，平台就是通过攫取客户的价值而获利的，从长期来看，企业价值就是负的。

团购平台具有其他创造价值的途径吗？消费者通过平台得到的就是价格优惠；参与团购的餐馆从平台得到的是通过价格优惠吸引来的并不忠诚的消费者。平台给餐馆节约的营销费用基本可以忽略。

到目前为止，没有证据证明团购平台创造了新的需求。由于消费者的工作时间和生活习惯的限制，平台通过控制低价服务提供的时间来提高餐馆人力资源和空间资源利用率的目标很难真正实现。未参与团购的餐馆则可能会因为部分消费者流失而考虑调整定价策略，参与价格竞争，进而导致整个行业的利润空间下降。

比较滴滴与餐饮团购平台就会发现，对滴滴司机而言，平台的信息服务对降低乘客的发现成本是非常重要的，而且具有

第 3 章
模式创新：价值创造、攫取，还是破坏？

外溢效应，能提升社会价值。但对餐饮消费者而言，除了价格发现以外，其他信息搜寻的成本几乎可以忽略。团购平台作为一个整体，更多的是利用对下游消费者的聚合能力，从餐饮企业创造的价值中攫取价值，而非为餐饮企业创造价值。

从总体看，团购并不能改变消费者的生活方式和习惯，只是转移了需求，并没有创造新的需求，所以，必然提高未参与平台的其他餐馆的营销成本。从动态角度看，平台加剧了餐馆之间的价格竞争，使价格成为商业竞争的核心利器，破坏了生态系统的多样性，进而影响到消费者的长期价值。

团购平台的进入壁垒较低，餐饮平台的消费者规模受地域限制，具有显著的地区性，因而很难快速产生网络效应。所以，团购平台势必竞争激烈，自身的运营与营销成本会非常高。

综合来看，团购平台相对于原有模式（即没有平台时）能够给消费者带来的价值是很有限的：消费者短期内享受到了价格减让，但长期来看可能会影响服务、菜品质量，以及餐馆的多样性。平台得到的收益也源自餐馆的利益让渡，但在平台竞争激烈的情况下，收益超过其自身的成本实属不易。而餐馆作为一个整体，则是整个生态系统中最为受伤的一方。从平台的所得不足以弥补对平台的付出。餐饮团购平台，基本属于价值破坏型平台，投资者需要谨慎介入。

商业模式创新在某种程度上被神化了。创新者可能创造价值，也可能攫取价值，甚至破坏价值。对投资者而言，价值创造型商业模式成功的概率无疑要高一些，但能否最终成功，还与创业团队的战略眼光、凝聚力、执行力，以及时机的选择等因素高度相关。价值攫取型的商业模式是否值得关注，取决于商业模式的相对竞争优势，所谓"两虎相争，必有一伤"。而价值破坏型的商业模式则充满陷阱，投资者应该透过现象看本质，抵御美好故事的诱惑。

第4章
腾讯的平台包抄及生态系统演进

平台创立之后,必须随着客户需求和竞争环境的变化不断地拓展、提升和优化。以平台为核心的生态系统,也有一个从无序演进到结构化状态的过程。本章以中国的平台型企业腾讯为例,探讨影响互联网平台及生态系统演进,即包抄战略的关键成功要素。考虑到绝大多数读者已比较了解腾讯的发展历程,所以,本章重在分析平台包抄及生态系统演进的关键因素,而非描述细节。

腾讯自1998年创立并在次年成功上线QQ并实现快速成长后,先后经历了从QQ到游戏、到拍拍、到微信,在微信平台上发展支付能力,进而试水微信电商的包抄和拓展过程,构建起了腾讯沟通平台(QQ及微信/WeChat)、腾讯空间平台(QQ

空间)、腾讯游戏平台(QQ游戏)、腾讯媒体平台(腾讯网、腾讯新闻客户端和网络视频服务腾讯视频等)四大平台,以及围绕四大平台存在的有一定重叠的生态系统。

我们对腾讯演进历程的关键环节和生态系统的结构特征进行分析,以加深我们对平台包抄与生态系统演进的认识。本章的内容源自对腾讯公司的访谈、腾讯年报、网站以及其他二手资料。

4.1 腾讯帝国的根基:QQ

腾讯公司1998年11月成立于深圳。1999年2月,其单边网络业务即时通信工具QQ上线,11月,QQ注册用户增至100万;2000年4月QQ注册用户飙升至500万,5月,同时在线用户突破10万,注册客户数量和同时在线客户数量开始以几何级数增长。其后,腾讯先后推出了移动QQ、QQ交友、QQ秀、QQ邮箱等功能互补业务,成为中国最早盈利的互联网企业。

从商业模式的视角看,QQ定位于以社交需求为主的年轻客户群体。其价值主张可以描述为:通过高效的"一切以客户为依归"的即时通信平台满足客户在社交基础之上的信息交换、情感归属、尊重等需求。实现价值主张需要展开的核心经营活动有:支撑海量用户同时上线互动的技术体系,包括软件和硬

第 4 章
腾讯的平台包抄及生态系统演进

件系统的设计、建设、运行、维护；及时采集客户反馈并迅速用于产品和服务的优化与迭代；营销与推广及品牌建设；等等。QQ 除了电信运营商、投资者之外，基本不需要其他外部合作伙伴；主要通过网上渠道进行销售；收入主要源于增值服务、广告等；成本结构则由平台设计、建设、运营、优化等相关的固定和可变成本构成。

作为平台型企业，腾讯客户规模飞速扩大的主要原因在于市场需求与业务特征的匹配。从 1999—2000 年前后的市场环境看，QQ 相对于替代品（固定电话、移动通信包括短信等）具有显著的竞争优势：QQ 定位的年轻人有着强烈的社交需求，多数买不起手机却可以在网吧上网；近乎免费的价格；既可点对点双向互动，也可点对群多向互动。这些特点对年轻人具有巨大的诱惑力。

从业务层面看，作为单边社交网络平台，客户临界规模要求较低，易于突破。数量较少的客户之间，就可以形成有效互动。而客户数量一旦突破临界规模即触发同边正效应：之前使用 QQ 的人越多，之后使用 QQ 的人就越多，甚至连客户都有替腾讯营销的动力。

而客户的高黏性则来自同边效应与锁定效应（Lock-in Effect）的交互作用。所谓锁定效应，是指你一旦使用 QQ，并且你的朋友圈的人都在使用 QQ，你就很难转换其他平台，除非其他朋友（至少是关键朋友）都同时转换平台。同边效应扩大客户规模，锁定效应提高转换成本。二者的交互造就了QQ客户的快速增加和高黏性。

在QQ业务高速成长的过程中，腾讯逐步发展和培育出了对其以后的发展产生重要支撑的核心资源与能力：

● 支撑海量用户同时上线互动的专业知识、技术体系和组织流程，以及依靠这些知识和流程开发出来的各种架构技术和软件、硬件系统（数以千计的专利、版权等）。

● 及时采集客户反馈并迅速用于产品和服务的优化与迭代，从而保证客户最佳体验的管理体系和流程。

● 激励知识型员工保持旺盛的创新精神和创业精神的管理能力与组织文化。

● 海量、高黏性、超活跃的年轻客户群体，以及这些年轻客户群体在互动过程中产生的海量数据资源（包括其归属的社交网络、在网络中的地位与活跃度、行为特征及偏好等，这些数据对后来平台包抄过程中的导流起着重要的支撑作用）。

当然，腾讯QQ生态系统的物种结构比较单一，即以社交需求为主的年轻客户群体。生态系统的物种数量越少，生态系统的自我调节能力越弱。所以，对平台的功能加以拓展，将更多的种群纳入生态系统，是腾讯发展的必然选择。

第 4 章
腾讯的平台包抄及生态系统演进

我们将QQ平台商业模式的核心要素以及逻辑联系概括在图4.1中。我们将以这个模型为基准，评价和解释腾讯从QQ平台向其他平台演进，构建一个更复杂的生态系统的成功概率。

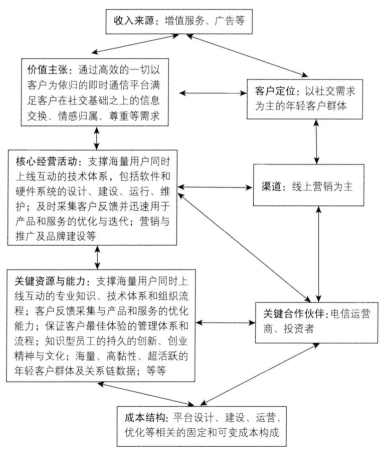

图 4.1　QQ 平台商业模式的核心要素及逻辑联系

我们的基本假设是：两个商业模式之间的距离越大，从一个模式转向另一个模式的难度越大、成本越高、风险越大。而平台能否转型成功，或者新生态系统能否构建起来，不仅取决于企业内部能否有效地控制商业模式转型的各个环节，采取高效的行动，还取决于市场环境中的两个关键要素：

● 客户对始发阶段技术和功能并不非常完善、体验并不非常完美的产品和服务能否容忍与接受？

● 竞争性平台提供的产品或服务是否同样存在某种不完善之处？

如果上述两个问题的答案都是肯定的，意味着市场能给企业以足够的时间和空间，让其弥补商业模式之间的差距，转型成功的概率也会提高。

从QQ到QQ空间

QQ空间（Qzone）是中国最大的社交网络，是QQ用户的网上家园，是腾讯的核心平台之一。QQ用户在QQ空间上通过书写日志、上传个人图片、听音乐、写心情等多种方式展现自己。除此之外，用户还可以根据个人的喜爱设定空间的背景、小挂件等，从而使每个空间都有自己的特色。当然，QQ空间还为精通网页的用户提供了高级的功能：可以通过编写各种各样的代码来打造自己的空间个人主页。

QQ 空间,是即时通信平台 QQ 的补充、延展和深化。这里不做深入讨论。

4.2 从 QQ 到游戏:成功包抄

腾讯游戏业务的发展历程

2002 年,腾讯虽然已经实现盈利,却不是最赚钱的互联网企业。真正赚钱的互联网企业是盛大、网易、九城等这些以游戏业务为主的网络公司。为游戏市场可观的盈利空间和巨大的发展前景所吸引,腾讯决定进军游戏市场。腾讯从公司内部选择 5 位对游戏业务具有一定知识储备、对客户需求具有一定了解的人到游戏人才的集中地上海,收购具有简单游戏设计能力的小公司创驰,开始引进腾讯的第一款韩国 3D 游戏《凯旋》。虽然这款游戏情节生动紧凑、画面绚丽,但由于 3D 游戏对硬件水准的要求高于中国多数网吧能够提供的水平,游戏运行不畅,经常卡机,导致"凯旋"变成"卡旋",加之竞争的因素,最终失败。

虽然第一款引进游戏的失败给游戏团队带来了极大的挫折感,但也让团队从失败中学到很多知识,包括对何种游戏是好的游戏（玩家视角与公司视角）的理解、游戏与使用环境的匹配、游戏的推广与营销、游戏的上线运行管理等。同时，马化腾要求游戏部门的所有员工都要玩游戏，马化腾及其他高管也玩，以加深对游戏，进而对客户需求的了解。接着，腾讯在学习对手的一款简单游戏《泡泡堂》的基础上开发出自己的简单游戏《QQ堂》，把它推向市场并取得了成功。通过这个过程，腾讯构建起简单游戏产品从创意形成、初步设计、细节设计、测试、营销、上线运行、优化的基本能力。对如何利用自己掌握的QQ客户数据进行推广和营销，也小有心得。

　　具备这个能力之后，腾讯于2006年引进韩国一款大型复杂的射击类游戏《穿越火线》，并在引进过程中进行了大量的本土化改造：对游戏的基础架构和安全架构、配乐、角色及武器的名称等，根据中国玩家的偏好进行了修改，并因此取得了巨大的成功。通过对大型复杂游戏的本土化改造，腾讯建立起大型复杂游戏产品从设计、测试、营销到运行、优化的基本能力；对研发和代理的流程做了更为细致的规划与修订，形成了游戏研发的项目管理流程（这一流程共有6步Gate Review，见图4.2）；同时，对游戏业务与QQ平台如何深化互动，有了更深入的认识。接着腾讯开始自主开发大型游戏，同时继续引进代

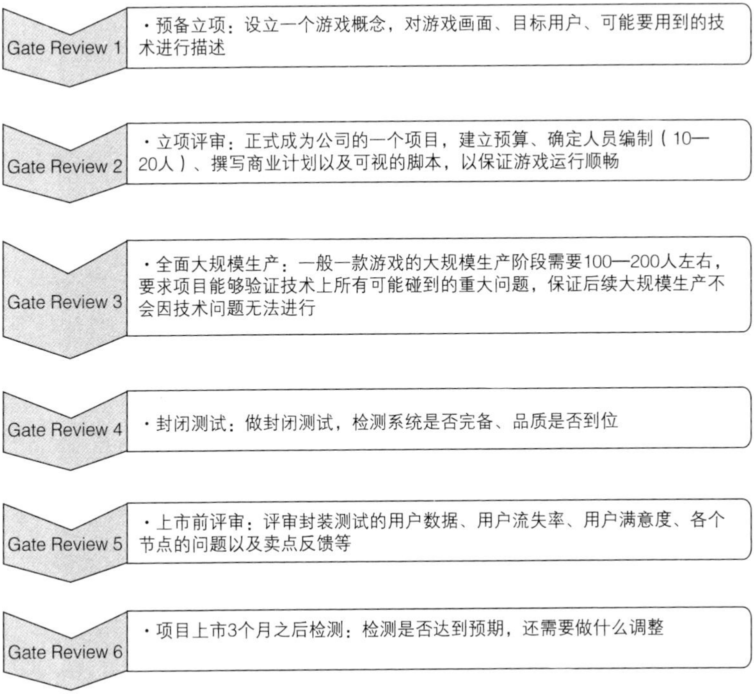

第 4 章
腾讯的平台包抄及生态系统演进

Gate Review 1 ·预备立项：设立一个游戏概念，对游戏画面、目标用户、可能要用到的技术进行描述

Gate Review 2 ·立项评审：正式成为公司的一个项目，建立预算、确定人员编制（10—20人）、撰写商业计划以及可视的脚本，以保证游戏运行顺畅

Gate Review 3 ·全面大规模生产：一般一款游戏的大规模生产阶段需要100—200人左右，要求项目能够验证技术上所有可能碰到的重大问题，保证后续大规模生产不会因技术问题无法进行

Gate Review 4 ·封闭测试：做封闭测试，检测系统是否完备、品质是否到位

Gate Review 5 ·上市前评审：评审封装测试的用户数据、用户流失率、用户满意度、各个节点的问题以及卖点反馈等

Gate Review 6 ·项目上市3个月之后检测：检测是否达到预期，还需要做什么调整

图 4.2　Gate Review 的 6 个步骤

理游戏，进而实现超越。

腾讯游戏从最初的一个产品部门，逐渐构建了一个相对独立的游戏架构系统，通过代理和联合运营等方式开放给其他游戏开发商，从而使游戏成为一个部分开放的平台：既运营自己独立开发的产品，又开放给其他游戏开发商。2015 年，腾讯游戏平台收入达 565.87 亿元，占其全年收入的 55% 左右。

这样，游戏开发商成为腾讯生态系统中的一个部分，腾讯生态系统物种结构单一的局面略有改善。

从 QQ 包抄游戏市场：为什么能够取得成功？

从业务特征上看，游戏具有以下特点：

- 在起步阶段，腾讯的游戏业务属于基于平台的产品。产品具有明显的生命周期，且生命周期各不相同。在早期游戏市场竞争并不激烈的阶段，市场上某些主导产品退出，可能在市场上形成或长或短的市场空当。

- 产品从创意形成、初步设计、细节设计、测试到营销、上线运行、优化、退市，价值链可以分成若干个不同的环节。产业链上下游存在一定的分工，参与者既可以做全产业链业务，也可以完成产业链中的部分环节，如代理、分销等。

- 组织学习的系统性和完整性：经历一个周期，学习能力强的组织会将经验、知识运用于新产品的运作过程。

- 市场高度可细分，产品高度差异化。

从产品创新的视角看，由于追随者可以首先进入产业价值链的某一个环节、定位于某一个全新的细分市场，由浅入深、由简入繁，逐步培育资源与能力，所以，追随者可能永远有机会！

第 4 章
腾讯的平台包抄及生态系统演进

但从平台的视角看,由于显著的跨边效应,平台上的游戏供应商越多,游戏产品越丰富,玩家就越多;玩家越多,就会吸引越多的游戏供应商到这个平台上销售产品。同时,网络游戏还存在一定的同边效应:某个游戏的玩家越多,就会吸引越多的玩家玩这个游戏。所以,游戏平台一定是强者恒强,甚至可能在一定程度上赢者通吃。

而当时的领先者,如盛大、九城等,基本是游戏的产品运营者,而不是平台的运营者。这给腾讯从产品起步,提供了重要的机会。

从商业模式的视角看,腾讯游戏定位于以享乐、放松、追求刺激为主的年轻客户群体,游戏客户与QQ客户的重合度非常高。其价值主张可以描述为:通过开发或引进各种游戏满足客户休闲、娱乐、放松、提升能力的需求。

为实现这样的价值主张,腾讯需要展开的核心经营活动包括:游戏设计(包括创意形成、初步设计、细节设计、测试等);选择供应商并引进合适的产品;营销及推广;上线运行并保持流畅;随时跟踪客户反馈并进行动态优化;客户服务;等等。

支撑这些核心经营活动所需要的关键资源有:

- 游戏设计所需要的关键市场知识、产品知识、技术体系和组织流程；

- 游戏引进和优化所需要的评价体系与流程；
- 强大的营销与推广能力；
- 支撑平台有效运行的相关能力，特别是处理大量用户同时上线运行的技术体系，包括软件和硬件系统；
- 保证单边用户最佳体验的管理与服务体系和流程等。

在上述需要的资源和能力中，腾讯缺乏的是游戏设计、引进所需要的核心知识和流程；具有优势的是营销、运行和服务能力。特别是在营销方面，腾讯游戏定位的客户与 QQ 客户的重合度很高，虽然是非对称重合，游戏客户只是 QQ 客户中的一部分，但 QQ 客户与游戏客户的需求具有很强的关联性。腾讯掌握的 QQ 客户的关系链、客户网络地位等数据对游戏市场的定位和开发具有巨大的支持作用，利用这些数据资源很容易实现其他游戏企业难以企及的客户导流。而腾讯强大的平台运营和服务能力，则保证了从 QQ 引流到游戏的客户获得较高的满意度，从而降低其转换平台的意愿。

我将前面描述的腾讯培育其缺乏的游戏产品设计与引进能力的过程概括到图 4.3 中。

第 4 章 腾讯的平台包抄及生态系统演进

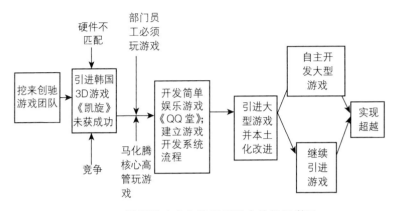

图 4.3 腾讯游戏业务发展历程中的组织学习

这是一个非常经典的循序渐进、由浅入深、由易到难的组织学习与能力建设过程，包括通过并购从外部获取资源、从自身的失败中学习、从别人的成功中学习、从自身的成功中学习。腾讯在引进韩国大型游戏《穿越火线》时取得对游戏进行优化改进的权利，并根据玩家反馈升级了十几个版本。通过这个过程，腾讯基本上把别人的知识和能力转化为自身的知识和能力，并通过学习不断提升，快速超越。腾讯从游戏产品入手发展到游戏平台，并将产品与优势的平台相结合，构建了一个强者恒强的游戏帝国。这个核心资源与能力的建设过程，非常值得其他企业借鉴。腾讯游戏业务的商业模式架构如图 4.4 所示。

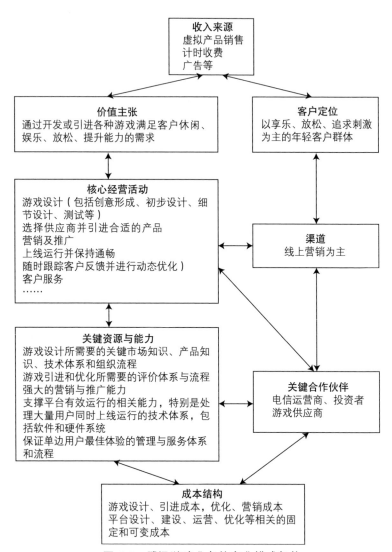

图 4.4 腾讯游戏业务的商业模式架构

比较 QQ 与游戏（平台）两个商业模式之间的异同：

- **客户**：QQ 积累的客户数量庞大，与游戏客户定位高度重合，生态系统中已积累的势能能够直接作用于新市场；在 QQ 中掌握的客户数据，包括社交关系链数据，可以直接用于客户的导流，冲击力强大。

- **价值主张**：二者相类似，娱乐、休闲、放松需求和社交、归属、尊重需求对年轻的客户群体具有同等重要的地位。

- **需要展开的核心经营活动**：二者部分相同，游戏部分是全新的活动，但与平台运营相关的部分与 QQ 相似。

- **支撑核心经营活动内部所需要具备的资源与能力**：与游戏相关的部分不同，但市场处于起步阶段。竞争并不非常激烈的市场，以及游戏产品的特征，给了腾讯培育其所需要的资源与能力、提升战略势能以足够的时间和空间。

- **关键合作伙伴**：增加了游戏供应商、网吧等渠道作为新的合作伙伴，但开发与管理并不困难，属于相互对对方有需求。

收入来源显著增加，但成本结构变化有限。收入来源减去成本结构后，公司在价值分享中占据的地位极其有利。

从平台包抄的视角看，从社交网络 QQ 平台进入弱补充的游戏平台，成功的最关键的因素在于：QQ 已经积累的庞大而且高黏性、高度活跃的客户群；恰当的市场进入时机；市场竞争不激烈使得腾讯可以通过组织学习提升自身的（技术）势能；QQ客户与游戏客户的重合度高，使得生态系统的势能释放时可以转化为直接作用于目标市场的冲击力；等等。

由于存在这些有利因素，腾讯从QQ进入游戏业务取得成功也就不难理解了。

4.3 从QQ到拍拍：折戟沉沙

4.3.1 拍拍历程

2004年中国电子商务市场基本过了导入期，开始步入高速增长阶段，但产业竞争格局依然扑朔迷离。领先者易趣虽然增长迅速，但地位不稳；淘宝刚刚上线，却不容小觑。快速成长的市场及其中蕴含的巨大商机的诱惑、缺少与实体经济相联系的业务的遗憾、游戏业务成功后的强大自信，这三种力量的结合促使腾讯在2004年年末做出决定：进军电子商务市场。

通过内部调配、从竞争对手那里挖人及市场招聘等手段，腾讯迅速整合了进入电子商务市场所需要的基础资源。在用户界面及商品陈列、双边客户交互、库存管理、信誉评价、担保交易体系及支付（财付通）、物流、客户服务等基础功能方面全面模仿淘宝，快速构建起C2C交易平台。

2005年9月12日，拍拍开始对外试运营。腾讯QQ平台

第4章
腾讯的平台包抄及生态系统演进

已经积累的（客户规模）势能迅速显现，10天内，拍拍陈列商品数量达到10万件；到其百日庆典时，拍拍在线商品数量突破110万件；半年之后，拍拍的注册卖家超过100万个，上架商品超过200万件，用户总数超过900万人（但多数是年龄在18岁以下的青少年）。

面对极速增长的卖家、缺少购买力但高度活跃的青少年，拍拍的短板一下子暴露出来：商家的商品图片上传不畅，商品陈列缺乏吸引力，以专题活动促销为主的简单运营方式使得大量长尾店铺、长尾商品得不到展示机会。而拍拍对于其相对昂贵的广告展位又有特殊要求：商品单价必须低于淘宝最低价且免费配送。拍拍青少年客户的购买力决定了他们多数只买便宜货，这使得免费配送的成本显得额外高昂。结果是，缺乏流量支持的商家卖不出去货，出资购买昂贵流量的卖家为了迎合客户及平台的低价要求，店铺中出现大量的仿货、次货、假货，售后服务也无法保障。

拍拍从最初高度的兴奋、巨大的希望很快转为深深的消沉和极度的沮丧。在腾讯这样以业绩为导向的年轻公司里，面对快速增长的游戏部门，电商部门时间、精力投入巨大却不见成效，产生了深深的挫折感，市场份额也从最高的9%左右开始下降。虽然后来淘宝违背承诺向商家收费，给了拍拍短暂的机会，但总体上并未影响大局。

2010年以后，腾讯又尝试了QQ会员官方店、QQ商城、QQ网购等细分市场业务，却均未见成效。2012年5月，腾讯宣布将拍拍从公司中剥离，成立腾讯电商控股有限公司。2014年3月，腾讯与京东达成并购协议，腾讯电商及相关业务并入京东，拍拍不久即被京东关闭。

4.3.2 腾讯拍拍商业模式概述

拍拍的客户定位及客户的核心需求

与QQ及游戏的单边网络不同，拍拍作为C2C电子商务业务，服务于双边客户：一边是各类电商，即所谓卖家；一边是各层次的消费者，即所谓买家。

上游卖家关注的是实用需求的满足，包括获得利润、实现资金快速周转等。其需求的满足取决于多重因素：

● 买家的数量及购买力，买家的需求与自身产品/服务的匹配性等。

● 网上陈列及互动体验，如产品陈列的吸引力，与买家的互动快速流畅、便捷等。

● 流量及成本，即能够以合理的成本、有效的途径，获得合适的流量以保证商业变现。

● 配送、结算体系快捷、有效等。

买家追求的同样是实用需求，甚至有点不合理：以低的价格买到好的产品或服务。买家体验同样受多重因素的影响：

- 电子界面／网上体验，即要求快速流畅、便捷、生动。
- 卖家及产品具有足够的多样性，卖家提供的产品信息全面、真实、准确。
- 支付便捷、安全、可靠。
- 配送安全、及时。
- 产品质量、功能、外观等符合预期。

双边客户的关系结构的特征：

- 买家、卖家数量众多，高度分散；买家需求多样化。
- 跨边效应很强且为正。买家越多，越容易吸引更多的商家加盟；商家越多，越容易吸引下游买家。
- 下游同边效应为正。在技术支撑能力没有问题的情况下，特别是在市场导入和发展阶段，买家越多，口碑越好，越容易吸引更多的买家。
- 上游商家同边效应在临界规模之前和之后的情况相反。在临界规模之前，在平台上销售商品的商家越多，越容易吸引更多的商家到这个平台上；但商家数量超过临界规模以后，情况则相反，即销售同类产品的商家越多，价格竞争越激烈，越容易导致商家转换到其他平台。

价值主张可以简单描述为：通过构建快捷高效、公平透明的交易平台，有效地满足卖家获得合理的利润、买家及时获得物美价廉商品的需求。

由于平台的参与人结构比单边平台复杂得多，需要开展的核心经营活动的复杂性也要高得多，其中多数对腾讯而言是全新的经营活动：

● C2C交易平台的设计与建设，包括软件和硬件系统建设、约束买卖双方的制度与规则的设计等。

● 理解卖家需求，选择合适的营销战略，包括合适的渠道战略、定价战略，吸引对平台有价值的商家入驻平台，并使卖家数量超过临界规模。

● 通过合适的营销战略，吸引对平台具有持久价值的买家成为平台的忠诚客户，并尽力使买卖双方的需求相匹配、协调。根据买家的需求吸引匹配的卖家，根据卖家的产品结构和品位层次吸引相应的买家。先养鸡还是先生蛋，平衡起来并不容易。

● 保证卖方产品陈列、推广与营销等环节，买方产品搜寻、下单、支付、配送、收货、退货等环节能够顺利实现，以保证平台系统的高效运营。

● 有效地开发和管理合作伙伴，包括支付、仓储、配送等环节，保证买方安全、快捷地获得所购商品。

第 4 章
腾讯的平台包抄及生态系统演进

● 持续优化平台的软硬件及制度规则，提高双边客户的满意度，以提高双边客户转换平台的成本。

支撑核心经营活动所需要的关键资源与能力：

● C2C 双边交易平台设计，并保证高效运行、持续升级的架构能力、技术能力等。

● 对双边客户需求的深入理解，并将其转化为促进双方互动的制度与规则（如淘宝富有创新性的信用担保制度和机制安排）的能力。

● 吸引双边客户并使其突破临界规模的线上、线下的营销队伍、渠道网络的能力。

● 对双边客户及关键合作伙伴，特别是对商家、配送体系的服务与支持能力。

展开关键经营活动所需要的关键合作伙伴：

● 仓储及配送体系；

● 与支付相关的金融机构；

● 电信运营商；

● 相关的 IT 技术服务供应商等。

渠道：

● 线下的营销和销售队伍，特别是面向成熟的商家的销售队伍；

● 线上的互联网营销团队。

收入来源：

- 广告及其他品牌推广收入；
- 支付（财付通）及其他金融服务的收入；
- 某些客户的交易费；
- 数据资源挖掘可能带来的潜在收入。

成本结构：

- 平台的设计、建设、运行、优化相关的固定成本和可变成本；
- 营销与销售成本，特别是突破临界规模之前的营销成本；
- 客户服务与关键合作伙伴的管理成本等。

QQ与拍拍商业模式的异同

比较QQ与拍拍的商业模式就会发现，两种商业模式的每一个关键要素都不同，特别是客户定位、价值主张、核心经营活动、关键资源与能力、关键合作伙伴、营销渠道等方面，存在根本的不同：不仅核心经营活动及支撑核心经营互动的资源与能力的内容不同，而且生态系统物种结构的复杂性也完全不同。

首先，相对于QQ的单边网络，双边交易平台结构复杂，生态系统中参与的人更多（包括平台技术支撑方、商家、支付方、配送方、买家等），而且需求各不相同，甚至相互冲突。需求的匹配、利益的平衡，对单边网络运营者是一个全新的课题。

腾讯C2C业务的商业模式架构如图4.5所示。

第 4 章
腾讯的平台包抄及生态系统演进

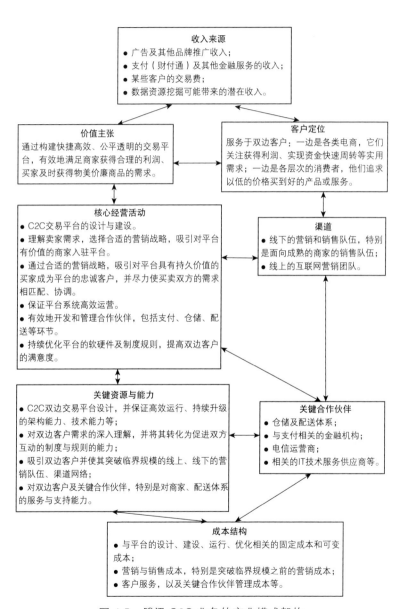

图 4.5 腾讯 C2C 业务的商业模式架构

其次，平台的竞争力，取决于平台的整体实力和系统（包括平台招商、商家产品上传/陈列/推广与营销，买方产品搜寻、下单、支付、配送、收货、退货等环节）的协调性、匹配性。对于领先者，由于上下游客户常在平台上互动，平台的改进可以随时被感知、体验，并提高客户黏性，因此，任何局部改进，都可能提高竞争优势。

但是，对于追随者，任何局部改进，都可能无关大局。比如卖家发现，平台的买家缺乏购买力，与自身产品结构不匹配，加上平台产品信息上传缓慢，流量分配不公，因而离开了平台。拍拍发现问题出在买家那里，所以下大力气向买家营销，千方百计吸引买家到平台上购物。好不容易将新买家引导到平台上，但他们来到平台后发现，向商家询问产品信息却无人理睬，难以进行正常的互动，常常失望而归。所以，是短板制约了追随者的竞争优势。

平台规模效益递增，而且跨边效应很强且为正；买家一边也存在一定的同边正效应；平台与关键合作伙伴，如配送体系也存在显著的同边正效应：平台交易量越大，对配送体系的议价能力越强，配送的规模经济效应越显著，越容易得到配送体系的支持。所以，领先者的长板能够创造竞争优势。在C2C市场发展的特定阶段，一定是强者恒强。

第4章
腾讯的平台包抄及生态系统演进

总之，双边网络自身的复杂性、生态系统不同利益主体关系的矛盾性和依存性，决定了双边网络比单边网络面临更高的技术、管理、营销等方面的挑战。

对腾讯而言，无论是 QQ 还是游戏，均是在虚拟世界中完成的。那些对现实世界不够了解的技术宅男、宅女，在腾讯的文化王国中依然可以展翅翱翔，叱咤风云。但 C2C 平台，满足的是客户的实用需求，特别是商家的盈利需求。二者需要的是完全不同的商业逻辑、完全不同的价值创造路径。这不仅是商业模式要素的差异，而且是商业模式内在逻辑和文化的差异。超越这种差异，要付出的努力、要培育的新的资源和能力是巨大的。

最麻烦的是竞争环境。QQ 快速的客户导流以及 QQ 平台对商家的巨大吸引力，暴露了拍拍平台的缺陷，使客户产生了不良的体验。而淘宝的快速崛起，没有给拍拍学习、提升自身能力，改善客户体验的时间和空间。平台竞争力的提升只能是一个循序渐进的过程，但面对强大领先者的竞争，追随者的局部改进对提升平台竞争力的作用，是非常有限的。上述因素综合到一起，拍拍的失败也就不奇怪了。

从包抄的视角看，QQ 与 C2C 交易平台为功能非相关（Functionally Unrelated）平台：QQ 平台拥有的客户规模虽然对吸引非重合客户（商家）具有重要的价值，但与 C2C 客户的重合度低；C2C 平台所需要的核心技术和资源与 QQ 有着重大不同，无法从原平台转移势能；激烈的竞争环境不能给腾讯提升势能足够的时间和空间。显然，包抄进入功能非相关平台，具有更大的挑战性，需要更强大的势能（强大的技术宽度/深度、客户规模）、重合的客户和共用的技术成分、强大的资源投放决定的初始速度等，而这些对包抄的成功都是至关重要的。

4.4 从 QQ 到微信：再下一城

微信是腾讯公司于 2011 年年初推出的一款可以发送图文信息、语音视频信息、支持多人语音对讲等功能的移动社交软件。用户还可以在朋友圈中和好友实时分享生活点滴。

QQ 与微信的客户定位、价值主张、核心经营活动及所依靠的资源与能力等，基本相同或者相似，两个平台间为弱替代（Weak Substitutes）关系。同样，客户具有显著的同边效应和锁定效应，二者的结合导致客户的快速增长和高黏性。只不过 QQ 起源于 PC 端，后来从 PC 端发展到移动端，并实现了 PC 端与移动端的无缝衔接。而微信则直接定位于移动端。年轻人由于平台转换成本较高，所以，使用 QQ 的相对更多些；而微信则是各年龄段的人都在使用,特别是年龄较大的人,包括很多专业人士,都在使用微信。

不管腾讯开发微信业务的战略决策是主动设计还是对环境变化适应的结果,这种敢于自我颠覆的勇气和魄力,都是值得赞赏的。其真正的战略价值,不仅在于将更多的成年人,特别是各种专业人士纳入腾讯的生态系统,更重要的是防止了一个完全基于移动端的新的生态系统的形成,进而使始于PC端的QQ的生态系统退化或被边缘化。

在即时通信这个网络效应非常强、规模经济效应极其显著、客户转换成本非常高昂的业务领域,竞争对手用同样的模式与腾讯抗衡,是不可能对其构成威胁的。用新的商业模式构建一个全新的生态系统,逐渐压缩腾讯生态系统的发展空间,才是对腾讯最大的威胁。腾讯看来对此是了然于心的。

4.5 从微信到微信电商:下一个补充平台?

腾讯从QQ包抄到拍拍,相当于建设一个规模宏大、结构复杂的卖场或集市,然后把QQ社区里的居民吸引到这里进行交易,但最终未能成功。

从微信到微信电商,相当于在规模有限、有着高高围墙的相对封闭的各类社区（朋友圈、微信群等）中开设风格各异的专卖店。能够成功吗？

理论上，应该从腾讯公司生态圈和微信项目生态圈两个层次考察微信电商成功的可能性。但由于腾讯其他的生态圈几乎难以为微信电商提供支持，所以，我们只从微信生态圈，并将其与淘宝进行比较的视角，考察微信电商发展过程中可能遇到的挑战与机遇。

阿里的淘宝已经有了几乎家喻户晓的知名度，为消费者网购之首选。有购物动机者或者闲来无趣冲浪者进入网站后，有搜索入口及各种广告的信息通道，有海量的商家、海量的商品可供比较。市场的价格发现机能在这里得到最有效的释放。购物者的动机无须转移，冲浪者的购物动机只需要被激发。淘宝经过多年积累，发展出了一套完善的商家信誉、产品信誉等级评价机制和规则，产品销量信息、消费体验信息相对丰富，买家的购物决策相对容易做出。

而微信是一个由众多的相对封闭的群落构成的复杂的生态系统。不同的群落之间，只能通过"跨界者"（同时在不同群落中的人）实现有限的联系（如文章或者其他信息的转发等），而且每个群落的潜在客户规模很小（通常不超过500人），能够产生的流量有限。

第4章
腾讯的平台包抄及生态系统演进

另外，微信平台上的人的初始动机以及主导动机，是通过交流、分享与互动，满足尊重、友情、归属、信息分享等需要。主导动机会引导微信群落里的人将注意力分配在与其核心需求相关的内容上，与购物的联系较弱。广告或其他产品信息只有成功地激发了动机的转换或转移，才能产生期望的效果。

什么样的广告、什么人的广告，或者何种宣传才足以激发主导动机的转移呢？目前来看，各种层出不穷的"网红"，是一种有益的尝试。

再退一步，假设商家能够成功地激发微信群落的人的动机转换（如著名演员、"网红"等的品牌效应），诱发起他的购物动机，但对于购物决策所需要的产品信息、商家信誉的评价信息，目前的微信平台还缺乏有效的比较机制。仅仅有一个商家的信息的价值是有限的。买家是通过对众多商家的信息进行比较，才发现商品价值的。

但是，微信平台也并非完全处于劣势。淘宝平台上的商家数量已经明显超过临界规模。销售同样产品的商家之间竞争激烈。激烈竞争导致了两个严重的问题。一是由于淘宝平台并没有为差异化产品提供有效的展示空间和展示方式，导致价格成为影响消费者购买决策的核心要素。过于残酷的价格竞争，导致商家徒有成交量，但利润惨淡，生存艰难。二是流量竞争极其残酷。淘宝按照广告及其他投入分配流量的方式,导致流量越来越昂贵,最后只能为极少数实力强大的商家所控制,多数商家生存艰难。

微信平台的优势在于:微信平台上具有无数相对独立的群落。每个群落中的人的兴趣、爱好、背景等各不相同,不可能有哪家微信电商形成一家独大的地位。基于微信平台的这种独特性,有可能发展出一个多样性、差异化的独特的商业生态系统吗?

如果腾讯和有志于此的微信电商能够做到以下几点,实现这个目标也不是不可能的:

● 要基于长远,构建信任。信任是电商最重要但也是最脆弱的资产。信任的产生需要长期积累、用心经营,一个微不足道的短期行为则可能使来之不易的信任关系丧失殆尽。

● 发现、创造主导动机的转换机制,或者创建无须使客户转换动机的公众平台。探寻合适的途径,激发群落成员的主导动机转换;或者创建与消费者日常生活紧密联系并且有分享意愿的公众平台,尽力扩大客户规模,提高其黏性。

● 信息与价格发现。提供群落成员采购决策所需要的关键信息。

● 克服规模不经济,探寻低成本运营的差异化道路。

第 4 章
腾讯的平台包抄及生态系统演进

将腾讯的生态系统与阿里的生态系统做一个比较,更容易看出两个生态系统的特点。

从图 4.6 可以看到,腾讯的生态系统以 QQ 平台为核心,围绕客户不同类型的社交、互动娱乐需求而构建。生态系统的各个子部分只有较弱的关联。生态系统的结构较为简单,但高度活跃。没有实体经济之间的关联,只有虚拟的联系。由于互动娱乐需求具有更高的需求收入弹性,可以预见,随着未来中国经济的增长,腾讯互动娱乐平台的需求依然有较大的增长空间。

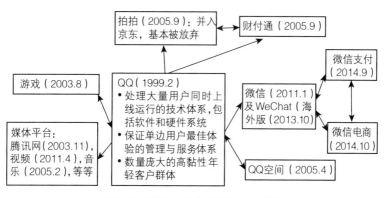

图 4.6 腾讯业务体系及生态系统

从图 4.7 可以看到,阿里生态系统的核心是三大交易平台。交易平台中的卖家一边存在一定的竞争关系;而跨边客户之间的需求各不相同,但相互依赖;买家同边之间基本独立。

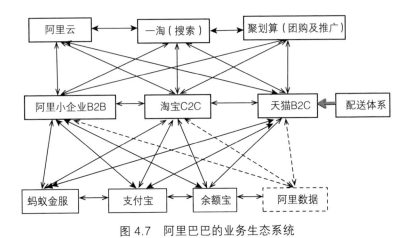

图 4.7　阿里巴巴的业务生态系统

围绕三大交易平台的行为主体分为两类：第一类是交易活动的支撑和服务机构，如阿里云是硬件和技术支持机构；一淘是信息搜索支持平台；聚划算是团购和品牌推广平台；支付宝行使支付职能；蚂蚁金服为相关利益主体，特别是为买卖双方提供融资支持；等等。第二类是挖掘交易平台产生的数据和其他资产，并将这些资产的价值变现的机构，如阿里的数据部门、金融部门既是交易支持部门，同时也是数据价值的挖掘和价值开发的部门。也就是说，数据资产价值的开发，也是围绕着交易双方的需求来进行的。

阿里生态系统的主题非常明确：建立交易中心型平台。因为三大交易平台功能类似，只是所定位的客户各不相同，所

第 4 章
腾讯的平台包抄及生态系统演进

以,所有支持、服务职能都可以为三大平台所共享,规模经济效应非常显著;而且,生态系统的不同部分具有非常高的交互性、关联性。

阿里生态系统中的物种数量众多,包括各种工业品、消费品的制造商、零售商;各种工业品、消费品的用户,涵盖个人用户和机构用户;各种技术支持、金融支持、物流支持机构,因而具有非常强的自我调节能力。比如,当某些工业品的需求因为经济周期的因素受到影响时,消费品的需求可能增加,从而保持生态系统整体的稳健性。但是,从总体上看,网上购物平台高速增长的时代已经接近尾声,未来增长速度逐渐放缓,应该是可以预期的。

总之,腾讯从单边网络业务 QQ 入手,通过网络效应与锁定效应的交互作用,构建起了一个物种结构相对简单、需求非常同质化的高度活跃的生态系统。然后构建了 QQ 空间,引进并开发了游戏产品,进一步满足核心客户尊重、社交、娱乐等需求,并将游戏产品发展为游戏平台,将游戏供应商引入生态系统。腾讯战略最为成功之处在于对移动生态系统的形成和发展抱有强烈的戒心,所以,主动出击,发展基于移动平台的微信,避免了被边缘化。通过微信,进一步丰富了生态系统中核心种群的规模。但由于两个商业模式之间的巨大差异，腾讯以QQ为根基，侵入交易平台商业生态系统的努力未能成功。不过，腾讯通过微信支付，在社交平台和商业交易平台之间，留下了一个重要的接口。

与GE、谷歌、微软、苹果这样的国际化企业相比，腾讯的战略中心还在于维系近期的生存与发展，缺少基于技术洞见的战略资源开发与投资，如谷歌的人工智能、GE的工业互联网。我们的企业还缺少领袖的视野和气魄，依然是追随者。

第 5 章
乐视的平台包抄战略：成败几何？

十多年前，很多跨国公司就意识到，从全球范围看，数字家庭领域是一个缺乏核心平台领导者的巨大市场。1999年，松下、西尔斯、通用汽车、英特尔和思科建立了一个数字家庭联盟。后来许多公司加入了这个联盟。微软和英特尔都在力图成为这个联盟的领导者。

但是，数字家庭联盟并不成功。这个领域尚未发展出统一的行业标准，各种智能电视平台割据一方。三星、松下和索尼便各自采用了完全不同的系统。数字家庭市场依然群龙无首，竞争激烈。

乐视由贾跃亭创立于2004年11月，是智能电视领域的后来者，但在中国市场却超越了众多老牌跨国公司，打造了一个基于视频产业、内容产业和智能终端的"平台＋内容＋终端＋应用"的完整的生态系统，得到了资本市场的大力追捧。乐视的雄心不仅如此，其还宣称，要构建一个以家庭电视、汽车、手机三大娱乐内容为核心的横跨三大平台的生态体系。

乐视商业模式过去成功的关键是什么？乐视想从电视平台包抄到手机、汽车平台市场，构建更为庞大的生态系统，能成功吗？我们下面对此进行分析，以供平台构建者和投资者参考。

5.1 乐视的野心

乐视生态系统的核心是由硬件和软件（操作系统）构成的平台架构部分。其中，硬件设备包括乐视电视、乐视手机（Smart-Phone）、乐视汽车（Smart-Auto）。乐视宣称乐视电视到 2014 年年末已经累计销售 200 万台；2016 年 1 月 19 日，累计销量达 500 万台。手机同样采用低价导入战略，目前处于起步阶段，面临与小米等中低端品牌的激烈竞争；乐视汽车则与阿斯顿·马丁（Aston Martin）签订了战略合作协议。

在软件层面，LetvUI 是乐视基于安卓系统进行深度优化、定制、自主开发的智能电视系统，具有系统化、简约化、视频化、人性化等多重优势，并保留了用户使用电视的传统习惯。

第 5 章
乐视的平台包抄战略：成败几何？

采用高频率的升级策略，几乎每周升级一次。

在基于操作系统的应用层面，包括乐视网、乐酒客、乐影客、乐途 FM、乐看搜索等。而内容层面，除了包括乐视影业、花儿影业、乐视自制、乐视音乐等机构外，乐视在内容整合方面极具远见，在其他机构对版权还未给予充分关注的情况下，于 2010 年前后已建立起全行业品类最全、数量最大、质量最精的影视资源库。截至 2016 年，乐视已出品超过 5 000 部电影，年度票房热片覆盖率高达 80%；超过 100 000 集电视剧，每年在一线卫视上播出的电视剧的覆盖率超过 80%，数量、质量均居行业第一。

在竞争战略方面，乐视知道自己无法像苹果一样，同时在两条战线取得成功：既通过伟大的产品（电视、手机等）获得高额的利润，又通过平台及内容、应用获得丰厚的回报。所以，乐视在起步阶段定位于愿意尝试新事物的年轻人以及拥有丰裕时间看电视的离退休人员，将产品作为构建平台的先行投资，廉价销售，甚至亏本，但求快速覆盖市场，以后再通过服务和内容实现盈利。

乐视的收入来源完全不同于传统的硬件制造商。根据乐视 2014 年年报，终端制造与销售仅占其全部收入的 40.18%；而广告收入占 23.05%；会员及发行业务收入（含付费业务、版权分销业务、影视发行业务）占 35.52%；其他收入，如云视频平台业务、技术开发服务等占 1% 左右。

乐视更是概念炒作和资本运作方面的高手，"生态化反、生态核爆力、生态理想国"等概念，都是乐视塑造出来的；乐视塑造的各种极富想象力的题材，也是此起彼伏、层出不穷。依靠强大的资本运作能力，乐视运用定向增发、减持、配股、股权质押等各种手段，从资本市场募集了大量资金，投入到生态系统建设和资源整合上。

5.2 传统电视业：线性产业链与价值链

乐视的崛起，源自对传统电视产业链和电视制造企业价值链的颠覆及重构。

传统电视业的产业链和价值链都是一个纵向的、线性的过程（参见图 5.1）：如果我们将电视制造业视为传统电视产业链的起点，那么，电视机制造完毕，通过电视机批发、零售业把电视机传递到消费者手中，海量消费者通过电视台与下游的影视内容提供商进行互动。在整个产业链中，电视台作为海量消费者和海量内容提供商之间沟通与互动的桥梁，在整个产业链中拥有最大的话语权。在控制消费者和内容提供商之间互动的

第 5 章
乐视的平台包抄战略：成败几何？

同时，电视台还能进行（产品）信息发布，将广告服务商整合到这个平台上，并在这个过程中获得最高价值。显然，这个产业价值链条非常长，是一个垂直的、纵向的过程。

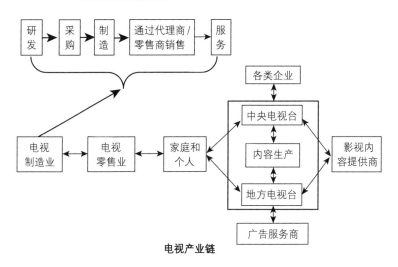

图 5.1 传统电视产业链和电视制造企业价值链

电视制造企业的价值链，同样是一个线性的、纵向的过程，包括市场调研、产品研发设计、零配件采购、组装制造、销售、售后服务。

乐视把整个电视的产业链和电视制造企业的纵向价值链进行了压缩，并在公司内部构建了一个相互支撑的生态体系，包括三大平台性产品：一是电视，二是手机，三是它依然在利用的 PC 平台。

5.3 "创新者"乐视：重塑成本结构，再造收入来源

乐视生产电视的过程与传统的纵向、垂直价值链完全不同。乐视首先在互联网平台上聚集了一大批"粉丝"，向这些粉丝抛出了一款新电视的概念设计，包括主要参数、关键配置、核心功能等特点，然后与消费者互动，让"粉丝"们"拍砖"，对产品各个方面提出改进建议，优化产品设计。设计过程，就是品牌塑造和产品营销的过程。经过多次迭代，设计基本定型之后，乐视再通过互联网和其他渠道向消费者预售，实施饥饿营销，不断宣传，根据预定数量向 OEM（贴牌生产）供应商下订单，产品生产出来后再配送到消费者手中。在此过程中，产品设计、品牌塑造、产品营销是并行的、交互的过程，从理论上说可以做到零库存。由于库存成本比传统产业低，它的价格就可以定得比较低。这种情况下，电视制造企业及零售企业不可避免地会受到冲击。

值得注意的是，乐视不仅重构了电视制造企业的成本结构，同时也重构了收入来源。乐视的电视和传统电视不是一个概念，它是消费者和内容提供商在乐视致新技术服务和支撑下

第 5 章
乐视的平台包抄战略：成败几何？

进行交流与互动的平台。乐视同时还在做自己的影业，但更多的是从各电视台、影视公司那里获得海量内容，然后控制消费者和内容供应商之间的互动，并通过内容服务和广告等获得多重收益来源。这样，电视台及其背后的利益相关者也会受到冲击。

从模式创新的企业价值视角看，相对于最佳替代模式（传统电视产业链），乐视为消费者提供了价格更低、功能更为强大的电视，更为丰富、更有针对性的娱乐节目；为广告发布者提供了更为精准的广告投放；为内容提供商提供了关于客户需求的更为精准、可靠的信息，有利于改进其娱乐产品的生产和创造。同时亦有更为多元的收入来源和更低的成本结构，所以，其企业价值为正。

从社会价值的视角考察，以乐视为代表的新模式集团虽然会对传统电视机厂商、电视台带来一定的冲击，但也会给社会带来相应的税收、就业等价值。社会价值总体而言不为负。综合看来，乐视的商业模式为价值创造型模式。

乐视旗下的公司包括乐视网、乐视致新、乐视影业、网酒网、乐视控股、乐视投资管理、乐视移动智能等。乐视垂直产业链整合业务涵盖互联网视频、影视制作与发行、智能终端、大屏应用市场、电子商务等。此外，乐视也在互联网智能电动汽车等领域谋篇布局。乐视生态系统中的业务结构关系如图 5.2 所示。

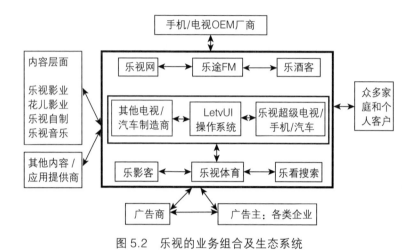

图 5.2　乐视的业务组合及生态系统

乐视通过控制消费者和内容供应商之间的互动过程，可以了解消费者的娱乐行为和偏好，知道某个特定的消费者每天在什么时间看视频、在不同类型的节目上驻留的时间、喜欢看什么内容的视频等。如果乐视可以掌握更为丰富的消费者娱乐偏好与行为的大数据，理论上就可以很好地拓展网络效应。

首先，将消费者娱乐行为大数据挖掘后，传递给影视内容提供商，提升内容提供商产品创新和模式创新的能力。

其次，基于对消费者娱乐行为的理解，乐视可以更有效地帮助内容提供商开拓影视节目市场。而且，乐视可以更有效地进行娱乐市场细分，优化消费者和内容提供商之间的互动，促进影视艺术市场产品结构的多样化。

这样，通过数据挖掘，乐视为影视内容提供商提供的支持越多，就会有越多的内容提供商愿意通过乐视平台播出相关的内容。乐视选择的空间扩大，对内容提供商的议价能力也会得到提高。而乐视的内容越丰富、越符合消费者需求，通过乐视平台看电视的消费者越多。消费者越多，就会有越多的内容提供商……

同时，由于了解消费者的娱乐行为偏好，乐视可以更有效地为企业进行更精准的产品宣传和广告投放，在为企业创造价值的同时，也能放大自身的收益。当然，乐视自己的影视内容生产者也可以通过挖掘和利用这些大数据，提升自身的艺术产品创造力。

目前，乐视的双边客户数量还没有超过临界规模。所以，网络效应还只能在理论层面上讨论，尚未变成现实。

5.4　乐视的未来：豪言之下，坎坷遍布

从理论上说，乐视可供选择的主要路径如下：

- 专注与深化。专注于电视平台市场，持续提升自身在电视设计领域的核心竞争力，并在全球范围内整合电视研发与制造

资源，针对不同的细分市场开发系列化的电视产品，以满足不同层次客户的需求；同时，持续优化 LetvUI 系统，提升电视内容服务的吸引力，提高电视内容的垄断地位，尽快使双边客户的数量超过临界规模，触发网络效应，成为中国电视平台和内容服务市场的绝对领先者。

● 以 LetvUI 系统为依托、以内容为纽带的平台＋应用战略。在发展电视平台及内容的同时，将强大的操作系统授权给其他电视制造商，以独特的优势内容吸引消费者，在两个市场同时取得成功。

● 采取平台包抄战略。以 PC 和电视平台为根基，以内容为媒介，进入手机、汽车等平台市场，构建一个更为庞大的横跨三大平台的生态系统。当然，还有其他选择。

上述每一条道路都遍布坎坷、充满挑战，没有一条是坦途。

专注于电视平台，乐视已经丧失了对互联网视频企业，如腾讯视频等的先动者优势。而传统电视台则利用政策方面的优势，开始防守反击。传统电视制造商如 TCL 等，也以制造能力为基础，尝试向内容和应用转型。而对乐视自身来说，构建强大的电视设计能力及电视制造资源的整合能力，发展针对不同细分市场的系列化的电视平台产品以实现对市场更大规模的覆盖，极具挑战性。

第5章
乐视的平台包抄战略：成败几何？

"平台+内容"战略的成功，实际上以专注战略的成功为前提。如果没有强大的操作系统和垄断性的优势内容，其他电视制造商选择乐视操作系统平台的概率会非常低。

电视和汽车在硬件技术方面没有任何关联，在电视平台上乐视积累的有限技术势能，根本无法应用到汽车平台上；唯一可以共享的资源就是内容。乐视谋求从电视包抄手机、汽车平台市场，至少需要两个条件：首先，乐视的内容具有绝对的优势和垄断性，赢得了大多数消费者的认可和忠诚，拥有超过临界规模的客户并保持高的黏性。其次，消费者购买电视看中的核心价值与购买汽车看中的核心价值基本一致，从而使乐视的内容优势可以传递到汽车平台，成为影响汽车消费者采购决策的关键要素。

但是，电视平台的核心价值在于满足消费者的娱乐需求，而内容的丰富性与吸引力，是满足娱乐需求的关键。所以，优势内容对吸引消费者购买电视具有显著的促进作用。

但是，就目前来看，汽车的核心价值在于安全便捷地实现运输功能，而非娱乐。消费者基本不会因为有吸引力的内容而去购买汽车。也许未来在绝大多数的汽车都能做到安全的全自动驾驶之后，娱乐功能才可能上升为影响消费者汽车采购决策的核心要素。

另外,娱乐永远是新潮、时尚和不断创新的,即便是对遥远历史的回眸、回味,也要服务于时代的需求,加入时代的视角。所以,内容本身是一个需要不断更新、持续投资,才可以维持的竞争优势。这与以技术为基础的竞争优势有着很大的不同。领先者创新性的技术突破一旦实现,多数情况下在原有轨道上仅需要渐进地投资,就可以维持和发展已经建立起来的竞争优势,投资边际收益是递增的。但是,维持内容方面的竞争优势,则需要持续不断地投资,尽管获得垄断地位以后可以获得较高的议价能力。

自动驾驶汽车潜在市场转化为现实市场的成本有多高、周期有多长?乐视的资源和能力能够支撑到潜在市场转化为现实市场的时候吗?再退一步说,即便乐视能够支撑到那个时候,其在未来的现实市场中又能够占多大的份额呢?

从上述分析可以看到,"平台+应用"、横跨三大平台战略的成功,都以专注战略的成功为前提。但首先专注于电视平台,使双边客户突破临界规模,远非横跨三大平台战略成功的充分条件。而乐视恰恰选择了这个难度最大、风险最高的战略路径。在北京大学光华管理学院,我们听到了乐视副总裁吴亚洲先生的豪言壮语:

- 使命:持续创新,不断颠覆,打造地球上最先进的超级汽车，建立垂直整合的智能互联网电动汽车的完整的生态系统。

- 商业模式：我们的产品不是一辆汽车，而是一套垂直整合的"平台＋内容＋应用＋终端"的互联网电动汽车的完整的生态系统，以用户驾驶10年时间为产品出发点[1]。
- 盈利模式：通过完整的生态系统实现盈利。

而在实施层面，乐视选择与阿斯顿·马丁合作，表面上是靓丽的"天仙配"，实际上绝对是一场错配的婚姻。

乐视在电视、手机领域，面向的是中低端的大众市场，依靠的是通过低价竞争快速导入市场，希望通过内容和平台收入获得长期收益。而阿斯顿·马丁，是一个敞篷旅行车、赛车和限量跑车提供商，其品牌一直是造型别致、精工细作、性能卓越的运动跑车的代名词，面向的是一个绝对小众的具有特殊品位的市场。

阿斯顿·马丁如果做面向中低端市场的汽车，让高傲的贵族去当街头小贩，不仅招法拙劣，而且成本高昂。如果阿斯顿·马丁做高端跑车，乐视则很难具备拓展高端跑车市场的品位和能力。更重要的是，这本身就是一个小众市场，根本无法触发网络效应，对平台战略的成功没有任何价值。

---

[1] 此为吴亚洲先生的原话，意思是产品设计的基本出发点，是车的有效寿命周期为10年。

重构平台与生态
谁能掌控未来

我们的推断是:乐视已经体验到了电视平台市场竞争的激烈,感受到了进一步提升电视平台市场地位的艰难,因而选择了这条看起来朦胧、因而具有无限想象空间的道路。

乐视的选择,仅仅是为了炒作,进而在资本市场上融资、减持,还是战略上的远见与信心?乐视的企业家们相信他们自己描绘的生态梦吗?

乐视在电视平台双边客户数量还没有突破临界规模、网络效应还未能充分显现、生态系统的多样性和活力尚未得到有效激发的情况下,选择平台包抄战略,谋求进入手机、汽车等平台市场,很有可能功亏一篑,遗憾无穷:原有领域根基未稳,很容易遭到对手的攻击和侵蚀;而要构建的新平台与原有的平台之间客户价值体验不一致,包抄战略难以成功。

伟大的产品,未必能够成为伟大的平台,比如苹果的Mac电脑及操作系统。但平庸的产品,注定难以成为持续成功的伟大平台。而伟大的产品,需要核心资源与能力来支撑。没有核心技术支撑,乐视到底能够走多远?

今天的乐视,虽然是传统家电企业的颠覆者,但它与被其颠覆的传统企业并无本质的不同,只不过两者驾驭市场的手段或者工具不一样而已:传统企业靠的是通过大量广告塑造品牌、通过线下渠道控制市场；而乐视则是通过互联网来影响进而控制市场。乐视与被其颠覆的传统企业都缺少核心技术的支撑。

没有核心技术的爱国者，一度成为很多媒体炒作的对象，成为 IT 江湖中万众瞩目的英雄，但如今已被忘却。没有核心技术的小米，伟大的业绩至今还在被传颂，伟大的形象依然为投资者所追捧，但疲态已显。没有核心技术支撑的乐视，还能"乐"多久呢？

整合绝非空手套白狼。整合是将企业已有的知识、资源与新的可用的（技术）知识、资源有效融合的过程。模式创新必须与核心资源与能力培育并重。依靠模式创新，可能颠覆传统企业，但没有核心能力支撑的颠覆者，极有可能成为明天的被颠覆者。放弃投机心态，扎扎实实地提升适应未来的核心能力，是中国企业可持续发展的关键。而投资者则应意识到，在今天的资本市场，朦胧模糊的地方可能是美丽的天宫，还可能是浓重的雾霾。

第6章
实体平台：万达商业地产的演进

万达的商业地产业务，是一个典型的供各类商家与消费者互动的实体平台。大连万达在商业地产发展历程中，不自觉地运用了平台思维和平台战略，推动了万达商业地产业务的快速崛起。下面我们对万达商业地产平台的演进和变化历程进行描述与分析，在此基础上比较以互联网为基础的"赢者通吃"型平台与这种竞争性的实体平台的不同，以丰富我们对平台的认识。

6.1 购物广场阶段：同边效应

大连万达集团（简称万达）成立于1988年。早期在大连做旧城改造，完成原始积累，1992年改制为股份有限公司。同中国的很多企业一样，万达在发展的早期阶段，曾经有过多元化的历史，除房地产以外，还先后进入过外贸、电梯制造、酒业、制药等领域。2000年，万达决定收缩业务范围，先后从足球、外贸、电梯制造、酒业、医药等领域撤出，回归到房地产业务，谋求构建其地产王国。

万达第一个商业地产项目，并非主动的战略设计，而是源于外部机会的驱动。1999年秋季，万达在长春成功开发了"长春明珠"超大型综合社区项目，因临近公园、学区房等区位优势、良好的设计和品质等特点，销售极其火爆。长春当地一位开发商看到万达的实力，便谋求将自己荒置多年、占地约1.5万平方米、位于商业核心区的地块转让给万达。

万达高层看到地段很好，价格也还合理，最终决定接手，着手在此处建设一个中高档的购物广场。

在购物广场建设阶段，万达就开始大力宣传，全力推进购物广场的租售，但情况极不理想。2000年左右的长春商业很不活跃，半年的推广未见成效。

某个周末，万达的核心领导回大连，恰好赶上沃尔玛在大连的第一家店开业。沃尔玛前期的营销非常成功，开店首日场面火爆，导致周边好几条道路拥堵不堪。这一意外刺激让万达

第6章
实体平台：万达商业地产的演进

的领导灵感突发："如果把沃尔玛引进长春购物广场，客流不就有保障了吗？客流有了保障，租售还是问题吗？"

兴奋的万达高层第二天就来到深圳沃尔玛中国总部。当时沃尔玛恰好有在全国扩张的计划，对长春的人口结构与数量、人均可支配收入、项目周边的商圈等进行调研后，认定该项目符合沃尔玛的选址原则。万达承诺可以按照沃尔玛的需要对二、三层的设计进行适当调整，并根据其要求进行装修，在租金方面也给予其优惠。最终，沃尔玛同意进驻万达长春购物广场。

与沃尔玛签订协议后，万达开始对沃尔玛入驻万达长春购物广场进行大张旗鼓的宣传，很快其他面积便迅速租售完毕。万达与沃尔玛商定开业日期后，立即与入驻的其他专业店、品牌店、餐饮店等进行沟通，要求各店能够在沃尔玛开店营业首日同时营业，一方面，为沃尔玛所吸引的客流可以为其他店所分享，另一方面，避免各店开业、装修时间不同所造成的相互干扰。因为与各方的利益一致，所以得到了普遍的支持。营业后，大家的经营绩效都不错，增加了各方对万达的认可度。

首战成功，万达的工作重心逐步转移到商业地产项目，从2001年开始陆续在多个城市建设了六个购物广场，发展以现代中高档专业品牌店、餐饮店、大型超市等业态组成的综合性商厦。在建设第一代购物广场的同时,万达建立并发展了一整套的选址(商圈与市场规模分析、成本估算、业绩预测等)、项目系统设计、施工管理、招商与销售、物业管理与服务等系统能力。

从图 6.1 可以看到,大连万达平台的基础架构,由前期策划、设计、质量与工期控制、物业管理、招商、融资等职能构成。平台服务于双边客户:一边是在其实体平台上经营的各类商家,另一边是在实体平台上购物、消费的各类消费者。

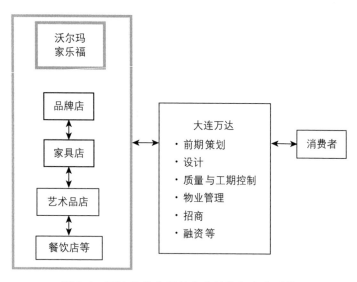

图 6.1 万达购物广场的客户结构与生态系统

万达商业地产购物广场阶段成功的关键，在于利用了同边效应。一方面，在定价方面给对客流具有重要影响的商家沃尔玛特殊的优惠（补贴），利用沃尔玛来吸引同边的其他商家，实现招商目标；另一方面，让其他商家与沃尔玛同时开业以分享沃尔玛带来的客流，则是力求扩大同边正效应，以平衡不同商家的利益。

6.2　商业广场阶段：同边效应+跨边效应

2001年11月，天津市政府拟对和平区商业核心区和平路附近占地接近6万平方米的地段进行开发，目标是建成天津商业地产的新地标。天津和平区招商办开始与国内主要地产商进行接触，探寻合适的合作伙伴。

万达对此高度重视，王健林亲自带队到和平区进行考察，对这个地块极其满意，势在必得。但万达意识到，与其他大型房地产开发商拼价格、拼资金，万达并无明显的优势。因为万达前期运作的项目主要是出租而不是销售，资金短期大量投入，长期缓慢回收，压力比较大。拼政府公关能力，各大房地产开发商也都不分伯仲。那么，怎样才能实现企业目标呢？

万达把土地资源的掌控者——政府官员作为客户来对待，

分析出其核心需求在于政绩,具体表现为就业、税收、商业繁荣和GDP增长;要规避的风险是"烂尾"。识别出客户的核心需求,运作思路也就清晰了。

万达首先找自己的老伙伴沃尔玛谈判并顺利签下合作的框架协议,但占地面积6万平方米左右的通常会做成15万—17万平方米左右的商业建筑群,仅仅引进沃尔玛还不具有足够的影响力。于是万达先后与百盛、百安居以及国际知名酒店管理集团接触,以优越的地理位置和合理的租金为筹码,很快便与上述公司签订了战略合作的框架协议。同时,又与原来投入运营的万达购物广场的中小客户沟通,与其中的约二十家企业签订了框架合作协议。

万达以上述联盟伙伴以及未来的潜在合作伙伴的需求为依托开发了项目的总体规划方案,并将该项目定名为万达商业广场。相对于其他房地产开发商尚无着落的规划方案,万达不仅提交了非常明确的具体规划,而且附上了二十余家企业的合作协议。看到了可以预期的开业时间、税收和就业,天津市有关领导对万达极为认可。万达不仅顺利地拿下了该地块,而且价格合理,在规划、建设施工等方面,也得到了地方政府的支持和配合。

拿到地以后,万达又以上述合作协议以及明显可见的租金

第6章
实体平台：万达商业地产的演进

为基础，得到了银行在贷款、建筑承包商在垫资等方面的支持，项目得以顺利开工、快速租售、协同营业。

相对于第一代的万达购物广场，万达商业广场模式有三个主要特点：

一是规模更大，从单体建筑到综合建筑群。商业建筑用地50 000平方米以上，有足够数量的停车位和更大的商业营业面积，便于规划更多的商业业态。

二是功能更为多样。商品与服务内容更为丰富：包括高档酒店、百货店、超市、家居时尚广场、美食城、连锁健身中心、现代电影院线等。

三是不同业态结构互补，形成一个相互依存的商业生态系统。根据需求选择差异化的商家，每个商家都尽量不与其他商家产生直接的竞争；每个商家的客人都可能成为其他商家的客人。保证双边客户的需求能够得到最大限度的满足。

接着，万达天津商业广场以业内公认的建设速度和租售速度投入运营，并且各类客户，包括地方政府都获得了符合预期的回报。万达第二代商业模式开始迅速复制，万达的品牌影响力得到进一步的提升。

相对于万达购物广场，万达商业广场生态系统的物种数量显著增加：地方政府、商业银行、建筑承包商、消费者，构成了平台的一边；满足消费者不同需求的各类业态不同的商家，构成了平台另一边的客户（见图 6.2）。万达商业广场成功的关键在于：

首先，利用同边效应。先签订与沃尔玛等大型国际连锁机构的合作协议，再通过这些大型连锁机构吸引同边的中小商家。

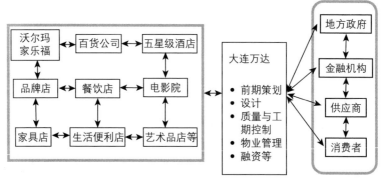

图 6.2　万达商业广场的客户结构与生态系统

其次，与众多商家达成合作意向以后，获得了满足政府官员政绩需求的资源，然后利用跨边效应，从政府手中以合理的价格在好的地段获得土地。以未来可预期的租金为保障，从金融机构那里获得贷款，从建筑承包商那里得到支持，从政府那里以合理的价格在好的地段拿到地，商家就愿意追随万达扩张。万达抓住了商家，就有了与政府、银行、承包商等的议价

第 6 章
实体平台：万达商业地产的演进

能力。这样循环往复，就形成了更大的生态系统。

6.3 城市广场阶段：同边与跨边效应的交互作用

万达购物广场和商业广场的选址，均处于城市核心商业区。区位资源的稀缺性，决定了万达要扩大市场份额就必须加快复制速度，而快速复制必须有强大的资金流来支撑。万达商业广场的多数客户是连锁机构。与连锁机构合作的好处是，招商成本很低，而且便于设计和业态规划。但很多连锁机构的基本政策是租用而不是购买。这导致万达自己持有的物业比重较高。长期租金回报与短期巨大资金需求之间的矛盾，决定了万达必须在商业模式方面进行进一步的创新。

解决资金问题的思路是比较容易想到的：在原有商业地产的基础上，发展住宅、公寓和写字楼业务，并提高出售的比例，特别是住宅，全部用于出售。万达的住宅定位于人口数量最多的中产阶层，建设高容积率的住宅，以便于快速销售，并与商业形成互补。

从 2003 年开始，万达先后在沈阳、石家庄、北京、宁波等地探索第三代产品——城市综合体商业模式。万达在保留原有商业模式核心优势的同时，将销售回款置于模式创新的重要地位，将商业广场扩大成更具现代气息的大型城市综合体：不仅包括原来的购物、休闲、娱乐、五星级酒店等功能，还包括中高端住宅、公寓、写字楼等，从而形成了一个相互支撑、相辅相成的生态系统。其中，万达百货、万达院线、量贩KTV等业务，多是万达自己投资、自己经营的。

从图6.3可以看到，万达城市广场将住宅购买者——大量的中产阶层、写字楼内的企业，纳入生态系统，使原来依赖于周边商圈环境的购物能力变成万达可控的一个部分，物种结构进一步丰富，生态系统的自我调节能力进一步增强。

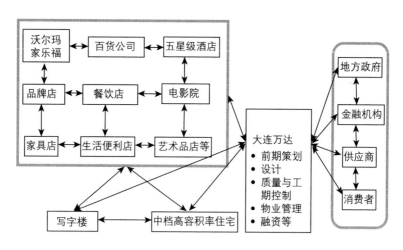

图6.3 万达城市广场的客户结构与生态系统

第 6 章
实体平台：万达商业地产的演进

万达城市广场成功的关键在于生态系统中的同边效应与跨边效应的交互作用。首先是住宅/公寓与商业之间、住宅/公寓与写字楼之间、写字楼与商业之间、住宅/公寓/写字楼与商业之间形成了范围更大的相互支撑、共生共荣的生态系统。

因为有非常便利的购物、娱乐、餐饮等商业配套，所以住宅/公寓的销售情况非常好，甚至许多住宅的购买者就是入驻商家的相关经营管理人员。

因为有大量的中产阶层迅速集中在商业周边，为百货、超市、休闲娱乐、酒店等提供了强大的购买力支持。

因为住宅/公寓为写字楼的员工买/租房子提供了便利；旁边有便捷的商业设施，方便接待客户，所以写字楼便于出租；写字楼出租情况好，为住宅/公寓销售提供了支撑，为商业提供了购买力。

再看跨边客户的互动。

万达商业与住宅形成了比较好的生态，商家和企业愿意追随万达发展，能够满足政府的政绩需求，政府在招商时就会优先考虑万达，甚至愿意为万达在地段选择、价格、施工建设等配套服务方面提供更多的便利。

万达能够得到政府的支持，商家就愿意追随万达；商家愿意追随，万达的住宅就好销、写字楼就好出租；住宅好销、写字楼好出租，商家就相对易于经营；商家经营得好，愿意追随万达，万达与政府就有了更大的议价能力。

同样，万达也更容易获得银行的支持。不仅是因为万达项目的资金回收速度快，而且由于其将商业房地产项目可用项目土地证和资产进行双重抵押，银行资金有保证。万达集团已经被四大行列为总行级的重点客户，并获得这些银行的巨额授信。

对万达自身来说，第三代商业模式显著扩大了可售面积，现金流情况得到显著改善，适应变化和发展的能力相对前两代模式得到了提高。

6.4 未来，万达能否继续笑傲江湖？

如果中国房地产市场需求持续增长，也没有其他重大的环境变化的冲击，万达商业地产可能就会像童话故事经常描述的那样：从此以后，如何如何……但现实世界总是变幻莫测的。发展到今天，万达第三代商业模式存在的风险也是显而易见的。

首先，住宅、商业、写字楼一体化的大型城市综合体的商业模式，要求这个城市必须有合适的人口规模，特别是合适数量的中产阶级。但是，拥有合适数量中产阶级的城市，万达基本都进入了。如果企业不遏制快速扩张的冲动，继续沿用数量

第6章
实体平台：万达商业地产的演进

指标对各地分公司、子公司进行考核，就可能进入人口数量无法支撑的四、五线城市市场，带来巨大的风险。

而在拥有足够人口数量的一、二线城市，万达则面临追随者的模仿竞争。比如在某省会城市，人口数量足够，但在城市核心区，这边一个万达广场，那边一个鲁能广场，不远处又有一个恒大广场、红星美凯龙广场，客流被过于集中的商业稀释，生态系统的活力就会受到巨大的伤害。

其次，来自互联网的冲击。比如，由于网上购物的冲击，城市广场中的万达百货商场无法经营下去，选择退出。受到影响的绝对不仅仅是百货商场，因为逛百货商场进而逛其他商家的客流也消失了。这就是生态系统的特点：当生态系统中的一个物种消失了，因这个物种而生存的其他物种的生存能力，就会受到巨大的削弱。

再次，房地产价格不确定性带来的资金链风险。万达的商业模式决定了其所持有的物业的比重还是比较高的，特别是第一、第二代商业模式。而万达自己持有的物业资产又与其资金链紧密地联系在一起。一旦房地产价格显著下跌，将危及万达的资金链安全，进而给自己带来麻烦。

万达的商业模式能够被模仿与追随，与房地产业的技术复杂度较低，因而易于模仿有关。但更重要的是，万达在设计、施工管理、物业管理、客户服务、百货经营、酒店管理等方面还没有形成其他竞争对手难以企及的核心能力，某些方面甚至有些薄弱，使竞争对手易于追随。

最后，实体的商业平台，网络效应在临界规模前后的情形是相反的：在临界规模之前，在万达广场中的商家越多，消费者就越多；消费者越多，商家就越多。同边效应也是如此。但是，当特定广场中的商家和消费者数量超过临界规模后，商家越多，价格竞争越激烈，而房租成本等则会提升，将导致某些商家退出；当消费者数量超过临界规模后，拥挤、排队等现象频出，购物体验变差，消费者就会转换平台，而且转换成本不高。这也导致实体平台不可能独霸市场，赢者通吃。

从商业模式的视角进行考察，在万达平台演进的过程中，由于所定位的客户范围不断扩大，价值主张因新的客户的加入而不断丰富和调整；实现价值主张需要展开的核心经营活动并无本质变化，只是在开发利用跨边效应方面有新的杠杆可以利用而已。需要的关键资源与能力方面的变化也不大，只是生态系统中物种的类型不断丰富，生态系统的自我调节能力相对增强一些而已。

比较万达与腾讯演进的历程可以看到：腾讯平台的同边效

第 6 章
实体平台：万达商业地产的演进

应、跨边效应为正，而且强度很高；另外，客户一旦成为生态系统中的一员，就具有很强的锁定效应，转换成本非常高。所以，双边客户一旦突破临界规模，追随者用同样的商业模式，根本无法与领先者竞争。此时，平台面临的威胁和风险较小。但是，像万达这种网络效应不强、客户转换成本不高的平台，如何通过独特的、优质的服务来提高客户对其的黏性，对平台自身的可持续发展就变得非常重要。而服务的优质和独特，则需要强大的、以流程为核心的丰富的知识和能力来支撑。而万达在这方面的投入显然是非常有限的。

第7章
传统企业的平台化转型

海尔是中国最成功的家电企业之一,GE则是美国乃至全球最重要的制造企业之一。同样面对互联网大潮的冲击,两家企业都不约而同地选择了平台化转型。但两家企业的平台化、生态化转型的不同之处到底在哪里?未来的前景如何?本章将对此进行分析。另外,针对专业服务业如何平台化的问题,本章介绍了盈科律师事务所的商业模式转型过程,供其他专业服务机构参考。

7.1 海尔转型:企业平台化、员工创客化、用户个性化

张瑞敏先生最近几年异常繁忙。除了亲自操刀海尔史无前

例的"企业平台化、员工创客化、用户个性化"的"三化"改革外，还频频出现在各大商学院、各大论坛的讲台上。每次演讲，都有惊人之语、醒世名言，为各路媒体所传颂。海尔的内部转型，也因此得以"公众化"，成为社会各界关注的焦点。

海尔转型方向的选择，建立在海尔核心决策层对互联网时代家电产业未来发展变化趋势的理解和认识的基础之上。海尔的判断经得起检验吗？海尔的转型会导致何种结果？本章试图对此进行分析与推断，希望能够对海尔和其他家电企业的战略转型提供借鉴。

7.1.1 理解海尔转型的动因与方向

来自新兴互联网企业和老牌跨国公司的竞争压力，让海尔的 CEO 张瑞敏的危机感日益加深。具有互联网思维的新兴公司，比如乐视、小米等，通过完全不同的商业模式进入电视、手机等产业。虽然这些公司的产品在显示质量、信号解析能力等方面还存在一定的差距，但其商业模式具有显著的竞争优势，未来可能会对海尔构成重大的冲击和威胁。

像海尔这样的传统家电企业的作业流程，首先是推断市场需求，依此进行产品设计，然后采购、制造、营销，通过多层次的代理商和零售商进行销售。这是一个线性的、垂直的过程，不仅周期长、资金占用多，还要承担零配件价格和产成品价格波动的风险。另外，低库存周转和积压也是压在每一个家电企业身上的沉重负担。

而互联网企业，如乐视等则采用完全不同的流程。首先通过互联网平台了解客户需求，提出产品初步的概念设计；然后将概念设计在互联网平台上与潜在客户进行互动，根据客户的意见对概念设计进行优化、迭代；客户参与产品设计的互动过程实际上就是营销和产品品牌塑造的过程；产品定型后先在网上进行预定，再根据订单量采购零配件，进行生产制造，并按照预定价格配送给客户。这是一个多功能并行的、与客户直接交互的过程，与过去的研发、采购、制造、销售、服务的垂直的线性过程之间有着本质的不同：几乎可以做到零库存；没有中间商的层层代理、层层加价；能够对市场需求做出快速反应；低资金占用成本。完全不同的成本结构可以使其采用完全不同的定价策略：乐视智能电视的价格一般为同规格的传统电视价格的50%左右。

另外，这些互联网企业的业务结构及盈利模式与传统企业具有显著的不同。比如，乐视集团致力于打造基于视频产业和智能终端的"平台+内容+终端+应用"的完整的生态系统。乐视的彩电，只是乐视内容、电商、应用的产品平台。乐视可以通过业务之间的交叉补贴，甚至免费模式击溃对手。

而与三星、LG、索尼这些国际巨头相比，海尔由于自身技术创新能力的局限性，不能通过强大的研发，开发出有核心技术支撑的高附加价值的产品。比如，三星采用超高清画质、曲面屏幕、自动景深优化技术；LG采用独特的解码器、webOS操作系统，力求"音画合一"；索尼采用"Wedge Design"楔形设计，不仅带来视觉上的冲击力，更大幅提升了电视音质。这些企业的产品具有更高的附加价值，从而可以支撑其研发投入。

相对于中国市场上的老竞争对手，如格力、美的等传统家电企业，海尔集团虽然在规模上具有一定优势，但盈利能力也有一定差距。

在新兴互联网企业、跨国家电企业、国内传统家电对手的多重挤压之下，海尔发现自己不仅在夹缝中生存，而且供自己生存的夹缝变得越来越小。

在张瑞敏看来，互联网对社会、经济各个层面，特别是对制造业的影响，是革命性的、不可逆的。营造未来竞争优势所需要的资源和能力，与海尔现在拥有的资源和能力存在根本的不同。如果海尔不能培育起适应未来竞争所需要的资源和能力，就必将被淘汰出局。自己革自己的命，或许能找到突破的机会；等市场革海尔的命，势必再无生存的可能。

第 7 章
传统企业的平台化转型

张瑞敏判断,在互联网时代,用户与企业的关系正在发生改变:第一个改变就是企业和用户之间是零距离,从原来的企业大规模制造变成大规模定制,所以生产线要改变。第二个改变是去中心化。互联网时代,每个人都是中心,因此也就没有中心、没有领导,故科层制也需要被改变。第三个改变是分布式管理,全球的资源,企业都可以利用,全球就是企业的人力资源部。

经过反复酝酿,自 2013 年起,海尔启动了"企业平台化、员工创客化、用户个性化"的"三化"改革。

张瑞敏认为,平台就是快速配置资源的基础框架,所有的资源都可以通过平台配置起来,海尔将为员工创业提供资源支撑;海尔的员工将通过海尔及其他互联网平台与客户进行直接互动,利用海尔平台提供的资源支持,为客户提供个性化的符合其需求的产品和服务。

"企业里面的中间层就是一群被烤熟的鹅,它们没有什么神经,不会把市场的情况反映进来。"张瑞敏对查尔斯·汉迪的这句名言深度认同,除了不能反映市场情况,在串联模式之下,中间层的存在,使得一旦出现短路,整个系统都将停电。正因为如此,张瑞敏在海尔内部提出了"外去中间商,内去隔热层"的设计。说白了,就是把架设在企业和用户之间的引发效率迟延和信息失真的传动轮彻底去除，让企业可以直面客户的需求。

所谓"员工创客化"，用海尔的语言来阐释，就是"我的用户我创造，我的超值我分享"，即让员工根据市场需求，基于海尔的平台自行创业。如海尔创客项目的样板——"雷神项目"，就是由三位"85后"男生李宁、李艳兵和李欣发起的海尔内部创业组织，主攻的产品是游戏笔记本电脑。

张瑞敏相信，在海尔这片传统制造型企业的土壤中，一定有机会长出"新生植物"。张瑞敏说："我需要给这三个年轻人三项权力：第一是决策权；第二是用人权；第三是分配权，也就是薪酬权。他们有了这三项权力，项目就做起来了。"而海尔当下所努力实现的，就是要打造越来越多的"雷神项目"。每一个类似雷神的项目，在海尔的新体系中，都被称作一个"小微"，最终让海尔成长为一个有着众多成功"小微"的"新生态王国"。

张瑞敏说："我们希望变成一个生态系统，每个创业的员工就好像是一棵树，很多很多树就变成了森林。这个森林里头，可能今天有生的，明天有死的，但总体上来看，这个森林永远是生生不息的。"

检验一个企业的转型方向是否正确、转型战略能否成功，

第 7 章
传统企业的平台化转型

首先需要检验决策者选定转型方向时赖以建立的基本假设是否可靠。

7.1.2 战略定位：个性化中的"共性"还是个性化中的"个性"？

驱动海尔转型背后的一个基本假设是，需求日益个性化。张瑞敏在很多场合强调："互联网带来的就是零距离。泰勒的科学管理不灵了，为什么？零距离就是原来是以企业为中心，现在是以用户为中心。以用户为中心，那你现在必须去满足用户的需求。用户的需求是什么？个性化需求，就是要定制。而泰勒的科学管理是大规模制造，所以要从大规模制造变成大规模定制，这个肯定要被颠覆。"

超越了基本功能性需求后，消费者对彰显自身独特的品位高度重视，有强烈的表达欲；互联网提高了消费者需求的表达机会和能力；大数据等技术的发展，提高了企业捕捉客户需求的能力。所以，消费者需求日益个性化。毫无疑问，这个趋势是必然的。但对特定企业的决策者来说，在战略抉择时需要考虑的问题是：

- 这个趋势转变为现实的周期有多长？转变为现实的过程是一个线性的过程吗？何时是转变为现实的关键临界点？
- 需求个性化成为主导企业战略选择的关键市场力量后，像海尔这样的企业，战略应定位于个性化需求中的"共性"，还是个性化需求中的"个性"？

● 满足个性化需求是依靠个人的力量，还是组织的力量？个人的力量以何种方式组织起来，在市场竞争中哪一种是更有效的？

个性化永远是一个相对的命题。共性中一定存在着个性，个性中一定包含着共性。

苹果的 iPhone 手机刚刚推向市场的时候，从消费者体验的角度来说，绝对是高度个性化的产品。但苹果是通过提炼出追求个性的中高端消费者的共性的、核心的需求，运用整个组织的力量，追求品位、完美和极致，进而开发出个性化产品的。小米手机，则是面向中低端市场的共性需求而开发出来的"真材实料"的比较个性化的产品。

在产品战略层面，虽然我们今天应该重视长尾效应，但定位于个性化需求中的"个性"，只能以小众产品服务于小众市场。另外，没有强大技术支撑的个性化需求的满足，只能在外观和架构等技术层面进行创新，必然导致产品的生命周期具有非常高的不确定性，进而导致企业销售收入的起伏波动，如海尔一再夸耀的"雷神"。

对创业者来说，定位于被在位者忽略的个性化需求，是正确的选择；对那些掌控颠覆性技术或颠覆性商业模式的创业者来说，从个性化的小众市场中寻求突破口，同样是正确的选择。但对像海尔这样规模的企业呢？

7.1.3　资源整合：可以空手套白狼吗？

支撑海尔转型的第二个关键假设是："（资源的）分布式，所有资源不是在企业内部，而是在全球。……我为什么一定要在内部来做？我为什么不可以吸引全球的资源？美国人的《危机经济学》那本书里写到全球就是我的研发部，我为什么一定要让内部的职能再平衡呢？我为什么不能用全球的资源？这个意思就是说现在到了这个份上，你还想抱着原来那套不放，是肯定不可能的，时代使你必须要做。"这个说法，张瑞敏在许多场合都强调过。

确实，今天很多资源都不在企业内部。"战略，正在日益成为一门管理企业本身并不拥有的资源的艺术。"但问题的关键是，全球的资源如何才能为你所用呢？

在海尔不断翻新的概念体系中，最让人难以琢磨的概念是平台主："平台主是做创业平台的，不是领导，是为了大家都能够在这个平台上成功地创业。"

我们曾试图勾画出海尔平台的架构，但由于智浅才疏，这种尝试一直未能成功。我们一直搞不清楚：

- 海尔平台是一个供内部创客与消费者互动的私有平台，还是供外部各种资源拥有者与海尔创客及其他创客进行互动的公共平台，抑或是各类家用电子消费品创客与消费者进行交互的公共平台？

- 从形态上看，海尔平台是海尔的网站，还是海尔公司本身，抑或是别的什么神秘的东西？海尔内部似乎不止一个平台主，那么海尔内部是有很多平台，即一个平台主管理一个平台，还是很多平台在海尔的一个平台上发展？

- 为什么资源的拥有者／提供者愿意在海尔平台上销售自身的资源、技术？何种资源拥有者愿意将资源拿出来与海尔创客分享？是免费，还是收费？如何收费？

- 将外部客户吸引到平台上，并使双边客户数量突破临界规模，产生网络效应，是平台塑造者面临的头号挑战。海尔平台不需要面临这样的考验吗？

对海尔而言，许多关键资源确实分布于组织外部。但资源并不会自动汇聚到某个特定的平台上。整合绝非空手套白狼。整合是将企业已有的知识、资源与新的可用的（技术）知识、资源有效融合的过程。整合者除了要具备与外部资源互补的核心资源、能力进而产生融合效应以外，还需要专有的"整合能力"：

● 强大的整体架构设计能力。紧密耦合的跨界面的系统设计，应该由公司内部的核心团队来完成；松散耦合的界面间的子系统，应该留出接口通过生态系统中的其他成员来完成。

● 有效的流程管理能力。包括跨部门的创新团队与授权、强大的执行力文化等。

● 广泛的外部网络及主动缔结联盟的姿态。

● 给予外部参与者合理的回报与激励等。

海尔拥有上述资源和能力吗？

"每个企业都是时代的产物，如果你不能跟上时代，你就会被时代淘汰……所有企业的成功只不过是踏上了时代的节拍，踏准了就成功了，所以有句话叫'台风来了猪都会飞'。"

从上述讲话中我们可以明确地感受到，海尔的核心决策者高度重视外部环境对企业发展的影响，却把核心能力视为唾手可得，因而不需要在企业内部精心培育的东西。

所以，海尔发展了三十年，辉煌了三十年，却没有构建起来以技术为支撑的核心能力，既在意料之外，又在情理之中。

7.1.4 海尔转型：组织变革能够代替战略重构吗？

张瑞敏强调："海尔探索的内容，有三点。第一是战略，第二是组织，第三是薪酬。战略和组织对企业来讲是非常重要的……也就是你的战略和组织如果不清楚,你这个企业就没法成长。战略是什么?战略不是说我提出的目标,成为第一不是战略,你能够找出成为第一的路径,这才是战略。今天怎么找出符合互联网时代要求的路径?这才是战略。你的战略必须要变,变成符合互联网时代。"

海尔反复强调战略,但外界感到不解的恰恰是海尔的战略。战略要决定的最基本的问题之一是做什么、不做什么。但海尔未来做什么,张瑞敏不知道,那些给海尔平台战略"抬轿子"的学术专家也不知道。因为这取决于海尔的创客或小微们怎么想,怎么创;平台主们怎么选择,怎么决策。不给创客及小微们的创意空间施加额外的限制和约束,是海尔平台型组织成功的重要前提。

梳理海尔转型的内容,面对冲击,海尔的选择是以组织创新代替战略创新:去中间化、去中心化、平台化,都是组织变革。海尔把业务发展方向的选择权交给创客、小微和平台主,把盈利的希望寄托于裁员和"断奶"等手段。

以目前的转型塑造海尔的未来,我们对海尔的前景是相对悲观的:

依靠海尔品牌的余威、消费者行为的惯性,海尔原有的大宗产品,如冰箱、空调、洗衣机等,依然会保持一定的销量;但由于组织动荡,销售收入缓慢下降难以避免。而海尔的创客、小微们的创新产品，虽然可能会有部分成功，但销量起伏不定，在公司整体销售中所占比重很低，难以扭转大局。虽然海尔通过裁员、断奶等手段降低了成本，利润率的提高却难以为继。

最大的问题是，海尔品牌缺乏有效的维护与投资。无论是小微、创客，还是原有产品的控制者，都一定会千方百计地透支海尔最重要的资产——品牌。如果继续坚持现在的转型道路，海尔的衰落，无人能够阻挡。海尔虽然不会消失，甚至可能重生，但多半是一家很小的企业。海尔的辉煌，将逐渐成为一个传说……

7.1.5 转型方向：到底该如何做出选择？

未曾有哪个时代像今天这样，颠覆性的商业模式和技术模式如此频出。面对颠覆性创新的冲击，在位者的本能反应之一是颠覆自我，模仿与超越颠覆者的商业模式。比如，面对数码成像技术对感光材料业的颠覆，柯达 2003 年宣布：全力进军数码领域，从以胶片为主的单一业务公司转型为一家以数码业务为主的多元化公司。

柯达首先并购了 Algotec 系统公司、SCITEX 数字印刷公司，从美国国家半导体公司购买图像传感器业务等，同时出售医疗影像业务，甚至将其在感光材料领域的大量专利技术打包出售，大力发展数码成像业务，包括数码印刷业务、喷墨打印机业务等，并根据数码业务发展调整生产线，如在厦门投资数码印刷版材等。但结果是，2012年柯达宣布破产重组。

同样面临着数码成像技术的冲击，2004年富士胶片全球总裁古森重隆提出"二次创业"，而非颠覆自我。富士坚持对自身拥有的资源价值，根据现在和未来的市场需求进行再发掘、再利用，千方百计地使公司资源的价值最大化：从光学和成像技术，发展到光学医疗设备与材料；从光学涂层、成膜、微粒技术，进入（液晶）光学薄膜材料等领域；从抗氧化及胶原蛋白的提炼和合成技术，成功发展高端化妆品业务。转型之后，业绩不俗，且前景不错。由此可见，挖掘自身的优势资源并使之与未来的市场需求相契合，是转型成功的关键。

没有核心能力的企业就像浮萍，具有极高的灵活性，向着任何一个方向调整都是可能的。但是，转向任何一个方向，都没有强大的根基支撑，都难以长成参天大树。

许多中国制造企业的成功，主要依赖的是架构技术（即把外购的元器件组合在一起以实现特定的功能目标）及对国内市场的理解和驾驭能力。依靠这些能力可以创造阶段性的辉煌，却无法应对颠覆性技术模式或商业模式的冲击。培育核心能力，是战略决策者面对的一个古老而又永恒的话题。

7.2　GE 转型：回归产业，重塑平台

GE 的历史这里不再赘述。在 GE 的发展历程中，GE 金融起着一个特殊的作用。GE 金融创立于 1943 年，原为 GE 的一个业务部门，主要为 GE 家电及其他消费电子产品部门的客户提供消费信贷，为 GE 工业产品的批发与销售提供融资服务。GE 创立这个部门的目的非常明确：通过金融手段促进 GE 相关工业部门的发展。

GE 金融成立的早期阶段，确实为 GE 关键业务部门的发展做出了重要的贡献，甚至在 GE 内部形成了独特的业务生态，构成了 GE 竞争优势的重要来源：GE 各工业板块取得出色的财务回报，使得 GE 能够得到穆迪、标普等机构最高的信用评级；信用评级高，使得 GE 能够在长期资本市场上用非常低的成本筹集到资金，再用低成本的资金贷款给购买 GE 产品的客户，如飞机发动机、发电设备等，支持客户采购；而且 GE 金融对客户进行信用评价、贷款回收等的成本也是相对低的，因为 GE 工业部门的销售人员和技术支持人员经常与客户打交道，对客户的经营情况有比较全面的了解；GE 的客户得到低成本资金的支持，发展好了，又会对 GE 工业部门产品产生新的需求，从而带动工业部门的发展，使工业部门的业绩得到改善，进而得到更高的

信用评级、更低的资金筹集成本。

金融部门与工业部门之间相互支撑、相辅相成，造就了GE在全球产融结合方面的成功典范，参见图7.1。

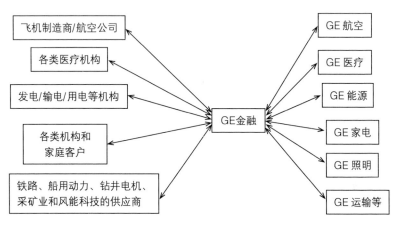

图7.1 GE金融在GE业务中的作用

一般而言，在一个以利润为目标、以业绩为导向的大型组织里，一个部门对公司整体的业绩贡献越大，这个部门的关键人员在公司层面的决策影响力越大，部门获得的自主决策权越大。GE也同样如此。

随着GE金融部门的快速成长，以及从传统银行业跳槽加入GE金融人员的增加，GE金融逐渐脱离了原有的战略定位，通过并购等手段，越来越向着一个独立的综合金融服务机构的方向发展，而杰克·韦尔奇则把这一趋势推到了极致。GE的

第 7 章
传统企业的平台化转型

消费金融业务,包括汽车贷款、信用卡、抵押贷款、消费信贷、财富管理等,以及保险业务(含商业险、再保险、生命险和抵押保险等),在过去二十余年的时间里发展得尤其迅猛。2003 年,GE 51% 的利润来自金融业务。即便在 2012—2014 年,GE 金融对 GE 集团的利润贡献率也一直在 40% 以上。到 2014 年年末,GE 金融总资产高达 5 000 亿美元,成为美国第七大金融机构。

在 GE 内部,当科学家和工程师们专注于自己的工作的时候,他们有着深深的成就感和荣耀感;但面对趾高气扬、意气风发的银行家们,他们就很难做到心情舒畅、淡定自然了。但是,物极必反。2008 年金融危机爆发,一度占 GE 盈利半壁江山的金融部门利润下降近三分之一,直接拉低 GE 当年盈利 15 个百分点,公司遭受重创。

2009 年,标普和穆迪分别下调了 GE 的信用评级,这是 GE 40 年来首次丧失了最高的信用评级,原因便是其金融业务因消费信贷、房产泡沫等风险敞口过大而遭遇市场质疑。2009 年 3 月,GE 市值比起金融危机前缩水了 80%[1]。甚至 CEO 伊美尔特的去留,也成为美国资本市场讨论的重要话题。

GE 金融脱离了最初的定位,越长越大、越长越高,成为

---

[1] http://www.ft.com/intl/cms/s/0/842cbc62-df83-11e4-a6c4-00144feab7de.html#axzz3sQszXAMY

GE 生态系统中的核心和主宰，遮挡了其他物种的阳光，争夺了其他物种的养分，整个生态系统的平衡和健康受到了一定的影响。所以，如何对生态系统中的物种结构进行调整，是伊美尔特面临的重要挑战。

GE 并没有遵循物竞天择、适者生存的自然选择机制，对其内部的业务生态进行调整，而是通过对未来趋势的洞察，做出了一个令人瞠目的重大调整：2015 年 4 月 10 日，GE 宣布砍掉大部分金融业务，包括贷款租赁、信用卡，以及车队租赁、财富管理、保险等大部分业务，但保留航空金融业务、能源金融业务和医疗设备金融业务等与 GE 工业部门高度相关，又因客户采购规模巨大而需要金融支持的部门。留下来的 GE 金融，重新回归到初始的战略定位。GE 表示："大规模、大批量资金支撑金融业务的商业模式已发生了变化，继续大规模持有金融部门，GE 很难在未来持续产生理想的回报。"[1]

GE 割舍金融业务，绝对不仅仅是甩掉一个有风险的业务这样简单。在我看来，GE 正在谋求更为雄心勃勃的战略布局：转变为一个以平台为基础的、以金融为辅助的、以强大的工业技术和产品为支撑的系统解决方案提供商。

---

[1] http://www.dw.com/en/general-electric-to-cut-finance-arm-set-share-buyback/a-18374210

第 7 章
传统企业的平台化转型

GE 未来商业模式的基础架构,可通过图 7.2 来描述。GE 业务的中心部分,依然是其具有深厚基础的航空、医疗、石油和天然气、发电及水处理、能源管理、照明、运输系统等业务。但这些业务不只是产品制造者,而是以产业技术和 Predix 软件平台为支撑的、以客户为中心的系统解决方案提供者。在产品及行业解决方案下方,起支撑作用的基础架构部分是工业软件平台 Predix。Predix 软件平台不仅服务于 GE 自身相关产业的应用服务方案的开发,而且开放给其他产业解决方案开发商。而金融业务依然在 GE 的工业部门和客户之间起着重要的润滑作用。平台支撑工业产品和技术转化为行业系统解决方案;金融助力解决方案的销售;解决方案在运行过程中获得大数据;大数据再反哺工业技术的研发与设计,生态系统形成良性循环。

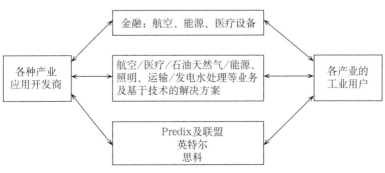

图 7.2 GE 未来生态系统的基本架构

在 GE 的生态系统中，基础平台是 Predix 软件架构及与英特尔、思科、威瑞森电信、易安信（一家美国信息存储资讯科技公司）的联盟。[1] Predix 负责将各种工业资产设备和供应商相互连接并接入云端，且提供资产性能管理（APM）和运营优化服务。GE 的 APM 系统每天共监控和分析来自数以万亿计的设备资产上的传感器发回的大数据，并通过控制器接受相应的指令，以帮助客户实现 100% 的无故障运行。[2]

作为 GE 的工业互联网应用成功案例，亚洲航空（AirAsia）部署了 GE 的飞行效率服务（Flight Efficiency Services，FES）系统。伊梅尔特透露 FES 能帮亚洲航空优化交通流量管理、飞行序列管理以及飞行路径设计，2014 年 FES 系统有望帮亚洲航空节省 1 000 万美元的燃油费用，而亚洲航空则预计到 2017 年，节省的燃油开支将高达 3 000 万美元。GE 还与英国石油公司合作开发了一个智能平台，可以对油井的设备运行和地质结构状况等进行实时监测，以提高安全性和效率。德国意昂集团也部署了 GE 的工业互联网软件平台——Wind PowerUp，将其 283 台风力发电机的输出功率提升了 4%。

---

[1] http://www.gereports.com.cn/content/guan-yu-predixni-xiang-zhi-dao-de-yi-qie

[2] http://www.ctocio.com/hotnews/16924.htm

GE 也将 Predix 开放给其他产业应用服务开发商，大家可以基于这个平台开发新的应用软件。它能够方便地分析大数据、远程监控机器，并为机器之间建立沟通的桥梁。如果没有 Predix 这个平台，每一次编写应用程序就要从零开始，但事实上，很多工业互联网的应用都拥有相同的基础服务，而 Predix 可以直接提供这些服务，大大提升应用软件的开发效率，为用户更快地带来价值。

GE 和思科正努力在思科网络产品上集成 Predix 软件，以收集和分析网络中任意位置上的资产绩效和运营数据。这一系列中的第一款设备是安装了 Predix 的思科路由器，这一路由器拥有坚固耐用的外壳，适用于类似石油和天然气开采设施这样的恶劣环境之中。GE 和英特尔携手为边缘设备开发参考架构，这些边缘设备将集成英特尔的处理器、软件和 Predix 软件，使之几乎能在任何资产中嵌入自适应性智能。这一新的设计将提供给网关生产商，为大量的连接设备和传感器网络配备 Predix。第一批配备 Predix 的边缘设备于 2017 年年初上线。

GE 还宣布与软银、威瑞森和沃达丰建立新的联盟，以提供各种针对工业互联网解决方案而优化的无线连接方案。通过 AT&T 的全球网络和高度安全的云来连接设备及资产（如机车、编队和飞机发动机等），GE 与 AT&T 将继续推动创新。这些合作关系将使 GE 可以在任何地域为其工业客户提供先进的连接服务。

GE 图谋：以 Predix 智能平台为基础，采集客户设备运行状况、运行环境等方面的数据，通过云端进行分析，支撑智能研发与设计，实现智能工厂的制造；智能制造的智能产品与流程和资产管理的软件相结合，形成行业系统解决方案，为客户提供智能服务，进而形成新的循环（见图 7.3）。再加上 Predix 平台强大的网络效应、规模收益递增、客户转换成本等力量的作用，以及金融服务对客户购买力的支撑，从经济和技术力量的角度看，GE 的操作系统 Predix 将重构企业之间互动的方式，并很可能成为工业互联网的事实标准，GE 甚至可能以全新的方式掌控全球经济。

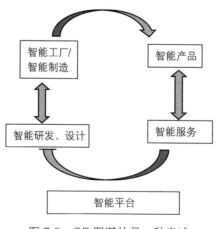

图 7.3　GE 图谋的另一种表述

第 7 章
传统企业的平台化转型

众所周知,互联网的基本精神是"开放、平等、协作、共享"。这种精神体现在两个方面:首先是没有处于支配地位的中央控制,互联网世界中的不同行为主体处于平等的地位;其次是互联网协议非私有的特质。前者造成了互联网世界的有机生长,而后者则鼓励了厂商之间的兼容,并防止了某一家企业在互联网上称霸。互联网的发展,重构了经济、社会、政治之间的互动方式,从根本上改变了我们的生活。

而 GE 的工业互联网却完全不同。虽然 GE 将 Predix 开放给其他行业应用开发商,但 Predix 是一个完全私有的由 GE 统一掌控的平台。如果所有行业解决方案都在 Predix 平台上进行设计和运行,而 GE 能够通过 Predix 掌握企业之间的互动行为和结果,获得各行业客户生产运行状况的数据,则这对其他制造企业乃至世界经济将产生何种影响,不需要特别的想象力就可以判断清楚。

当然,如前面介绍通用汽车的 OnStar 案例时所分析的那样,Predix 作为一个私有化的平台,如果无法保持基本的中立,未来发展也一定会受到各国基于本国经济安全方面的考虑所施加的限制。但无论如何,GE 超前的战略眼光,给了我们一个面向未来的顶层设计的典范。

除了各国政府基于本国经济安全的保护政策、与数据资产权益分配相关的法律问题以外，我们还看不出何种力量能够阻碍 GE 的步伐。中国的制造企业，还没有哪家有这样的眼光、雄心和气魄。当然，GE 因为野心太大而受阻，也是完全正常的。毕竟没有哪个国家愿意自己的经济为美国最强的企业所左右。但我们担心的是，决策者意识到这一点的时间太晚。

比较 GE 与海尔的转型，我们可以看到，GE 不为金融业务的短期利润所诱惑，而是回归制造业的核心资源与能力，并且插上了工业互联网的翅膀，再辅之以金融方面的支持，不仅为自己的工业客户提供以技术为支撑的解决方案，同时将更多的行业应用服务提供商拉上平台，掌握更多的客户的大数据，为其未来的全球领导力创造了更大的空间和机会。

海尔通过"去中间化、去中心化"等措施，把传统的组织架构打散，在组织内部构建平台，为员工创新创业提供支撑。海尔"去"的战略确实在实施，但去掉负担之后的"新"业务能否成长起来，却存在巨大的不确定性。

7.3 盈科律师事务所的平台化历程

盈科律师事务所在 2007 年只有 20 多位律师，到 2013 年春已在全球拥有 2 224 位律师、642 位合伙人，在海内外拥有 35 家分支机构。2013 年被国际权威法律杂志 *The Lawyer* 评为亚太规模最大的律师事务所。

盈科，中国律师业的"黑马"，是怎样发展起来的？盈科的成长过程与其他律师事务所有哪些不同？本书研究了 2007 年以来盈科律师事务所的发展历程，希望能够对感兴趣的读者以启发和帮助。

7.3.1 中国律师产业的发展历程与基本特点

律师业在中国只有极其短暂的历史。在数千年的中国历史中，并不存在被国家正式认可的法律职业。到了中华民国时期，现代意义上的法律职业才开始正式出现，但其影响仅限于上海、北平等极少数大城市，对传统中国的影响与改造作用非常有限。新中国成立后，中国律师业经历了一系列的改造与重建，到 1957 年 6 月，中国 19 个省份已经设立了 820 个法律顾问处，总计有 2 572 位专职律师。[1] 但随之而来的"反右运动"迅速将这一新兴职业扼杀于襁褓之中。

---

[1] 刘思达：《割据的逻辑——中国法律服务市场的生态分析》，上海三联书店，2011 年，第 17 页。

中国律师业的再次复兴始于1980年全国人大常委会颁布《中华人民共和国律师暂行条例》。但当时该条例把这一职业定义为国家法律工作者，是隶属于各级司法行政机关的事业单位工作人员。到20世纪80年代末，随着国家对外开放的深入，为促进中国司法体系的完善，同时也为了向外国政府和投资者显示中国有一个独立于党和政府控制的现代法律职业，中国的律师业开始独立于各级司法机构，勇于承担风险的律师开始"下海"。从邓小平南方谈话以后，律师事务所开始逐渐私有化。到2002年，中国合伙制律师事务所有6 880家、合作制律师事务所有1 887家，国家设立的律师事务所的数量则降至1 780家。[1]现代意义上的律师业基本形成。

21世纪初，中国律师业的主要特点可以概括如下：

首先，法律涉及的专业范围极其广泛，知识体系的宽度和复杂性比较高。改革开放以来，人大制定的法律有两百余部；最高法院、检察院出台的司法解释有四百余件，中央政府有关部门和地方政府出台的行政法规达近万部；涉及的范围从个人、家庭的基本权利保障，到公司的设立、经营、融

---

[1] 刘思达：《割据的逻辑——中国法律服务市场的生态分析》，上海三联书店，2011年，第26页。

资、并购、知识产权、国际往来等各个方面，覆盖的专业领域极其广泛，几乎没有律师能够在诸多的专业领域同时积累丰富的专业经验。同时，转型社会的特点决定了中国法律法规具有较强的动态性：为了适应新的制度和社会环境，法律法规需要不断修订；较高的变化频率也加剧了法律知识的复杂性。

其次，作为转型社会的一个特点，中国法律法规的严谨性较低，法官具有较高的酌量（Discretion）权，裁决和执行的弹性较大；审判过程的透明度也相对较低。法官的裁决不仅仅取决于客观的事实和律师的专业水准，还取决于其他一些心照不宣的因素。

北京亿达律师事务所李亚飞主任认为："这种状况导致中国法律服务市场信息的高度非对称：客户非常希望找到高水准的律师，但对于律师的服务质量却难以做出客观的评价，不同律师处理的案子的结果与其专业能力、投入强度之间的关系相当模糊。中国律师业短暂的历史、审结过程的低透明度，使得律师的声誉信号在市场上的扩散速度也不是很快。"

最后，中国律师产业结构的典型特点是高度分散化。2012年年底，中国律师事务所共19 361家，律师23 2384人，其中合伙制律师事务所13 835家，占71.5%；而在合伙制律师事务所中，3—10人的律师事务所占比重高达92.9%。[1] 高度分散化的产业结构，决定了律师事务所之间的竞争是非常原始、初级的，是典型的布鲁斯·亨德森（Bruce Henderson，1999）所说的自然竞争：是一个渐进的、随机互动的过程和自发的适应性行为。行为者主要依靠本能或直觉做出反应，多数行为基于对局部环境的模糊感知或对成功者行为的追随与模仿；有时候极端保守，从累积型的尝试和试错中吸取教训；有时候极端冒险，希望从上天的垂青中获得一本万利。

在律师事务所内部，律师基本上都是单打独斗。个人要通过各种途径，包括与有关司法机构，如司法局、法院等进行互惠性交换（Reciprocal Exchange）获得案源信息，完成与客户进行谈判、提供法律服务、收费等全部过程。到后来，积累了一定资源的律师逐渐构建起自己的小团队，配备助理来辅助其完成一些简单的事务性工作。但不同律师之间的合作是非常少的，有组织的合作行为则基本没有。即便较大的律师事务所，也不过是一些合伙人、律师或小团队"聚"在一起工作。律师之间专业水平的差异没有合适的评价标准，客户无法做出合适

---

[1] 摘自《中国律师行业社会责任报告（2013）》，中华全国律师协会，http://www.acla.org.cn/html/xinwen/20130827/11102.html。

第 7 章
传统企业的平台化转型

的区分。服务定价也缺乏客观的基准,客户觉得律师在报价方面具有较大的随意性。

李亚飞说:"在 2007 年前后,在大多数律师事务所中,律师和事务所之间的关系相对简单。事务所是一个大家共用的品牌平台,事务所的收入来自律师服务收入的分成。多数律师事务所基本没有专职的管理人员,只有少部分行政支持人员,处理财会、行政等事宜。"

梅向荣,1972 年出生于江苏省泰州市,1995 年毕业于清华大学汽车工程系,第一份工作是在北京市建材经贸集团总公司任人事处干部。在此期间,他通过国家统一考试取得了律师资格。1996 年 6 月,他成为北京华伦律师事务所合伙人,专业从事房地产、公司兼并与收购、知识产权等法律业务。

在北京华伦律师事务所的十年律师生涯,使他深谙中国律师业原始竞争和类似于手工作坊式的经营模式的弊端。在北京大学光华管理学院接受的 EMBA 的专业训练则让他知道,高度分散的产业中蕴含着巨大的商业机会。

众所周知,现代大规模工业生产的模式是从汽车制造业开始的。作为清华大学汽车工程系的毕业生,他深知相对于个体的手工作坊的生产模式而言,建立在专业化分工合作基础上的规模化生产、产业化经营所能带来的竞争优势:

- 规模经济。规模化研发、采购、制造、营销所能带来的成本节约。

- 范围经济。经营范围扩大,核心资源和能力在更广泛的业务领域中应用,或者在不同领域的交互转移能够带来竞争优势的提升。

- 专业化分工与合作。每个人专注于特定的业务领域可以显著提高个人的专业能力和自身的工作效率;而不同专业领域的人的合作则可以显著提高系统效率。

- 组织流程优化和个人工作过程的标准化、规范化。这不仅会显著提高组织效率,也有助于增进客户对律师、律师事务所的信任。

梅向荣深信,用汽车制造业产业化经营的运作模式来改造中国律师事务所的运作模式,一定可以创造一个更有竞争力的商业模式,一方面可以为客户创造更大的价值,另一方面能够实现自己的创业梦想,同时也有助于推进中国律师业的可持续发展。

2007年,新的商业模式构想形成以后,梅向荣曾考虑开设一家新的律师事务所,并有信心在短期内将其打造为北京最有影响力的十大律师事务所之一。但是政府有关制度规定律师事务所成立三年以上才能开设分所,这个规定极大地限制了他快速扩张的梦想。梅向荣决定放弃自己创业的想法,转而加入了盈科律师事务所。

盈科律师事务所成立于 2001 年，到梅向荣加入时已有 6 年历史，当时有 20 多位律师，其中有 5 位合伙人，各占 20% 的股份，年营业收入只有 200 多万元，市场地位和品牌影响力非常有限，正在寻求与其他律师事务所合并。

梅向荣知道，在盈科实施自己的商业模式创新构想，颠覆律师业传统的运作模式，重构律师这种非常自我的专业人员的习惯性思维和理念，绝非易事。弗洛伊德因为其独特的精神分析方法而被当时的精神治疗和心理学界视为"踏进心理学花园的一头野猪"，梅向荣估计自己的命运也好不了多少。所以，拥有对律师事务所的控制权，对实现自己的梦想具有极其重要的意义。梅向荣加入盈科 3 个月后，盈科进行了股份制改革，梅向荣成为大股东和事务所的主任。

7.3.2 盈科：从个人聚合到产业化经营

加速扩张规模

产业化经营以规模化为前提。为了实现规模的快速扩张，从 2008 年开始，在《中国律师》等期刊上，几乎每期都有盈科的"诚邀加盟"的广告。盈科的管理人员在参与律师界的各种活动的过程中，也在不断介绍盈科的理念和商业模式的特点，吸引志同道合者加盟盈科。同时，盈科将律师服务费中律师事务所的提成比例从行业平均的30%降到了10%，以吸引更多的律师加盟。到2009年时，盈科已经拥有200多名律师。

中国的法律服务市场受各级、各地政府的司法机构的影响非常大，具有明显的地域分割的特征。盈科实现规模扩张，必须在不同的地区发展自己的分支机构，吸引当地的律师加盟。在律师事务所的扩张方面，盈科采用了直营模式，统一投资、统一管理。最初盈科的分所有直接投资的，也有"翻牌"的，但是因为理念和利益不一致，总部和分所之间非常松散地结合着。"翻牌"所几乎不听总部指挥，总部的战略规划和具体安排常常难以贯彻下去。盈科很快决定将所有分所全部改为直接投资，2009年11月，盈科律师事务所南京分所正式筹建，这标志着盈科分所建设进程的加快。在2010年盈科就开设了14家分所。盈科每月都会举行分所主任会议，面对面地商讨盈科以及各分所的发展情况。分所也会向总部详细上报人员招聘、财务、业务等情况，好的分所经验在交流中也被快速复制，成为全国各所的共同经验。

专业化分工：法律专业服务与管理分开

司法部2008年5月28日通过的《律师事务所管理办法》

第 13 条第 2 款规定,合伙律师事务所的负责人应当从本所合伙人中经全体合伙人选举产生。这决定了律师事务所主任的多重角色:既是律师事务所的管理者、法律服务的提供者,又是律师事务所的所有者,其主要收入还是源于自身的法律服务提供。这导致事务所主任对事务所的长远发展和日常管理考虑得少,甚至出现"合伙人抢案源,大律师打压小律师"的情况。

盈科实施职业经理人制度,事务所主任不承办具体的案件,只对长远发展和整体业绩负责。分所主任需要吸引优秀的律师,拓展市场,负责分所律师的分工合作和日常运营,对律师的客户开发和法律服务提供支持,并以分所的整体业绩对总所负责。

专业化分工与合作:律师从多面手到领域专家

实行职业化管理,将管理与法律服务专业化以后,盈科开始建立内部案源信息分享和不同专业律师合作的激励机制,鼓励律师改变过去尽力把不同领域的法律服务业务抓在自己手里,以求增加收入的做法,从多面手变成特定法律服务领域的专家,提高自己的专业声誉和服务质量。专业化使得律师在短期内大量接触相同专业领域的案子,使得他们的专业能力得到快速提升,迅速地扩大了自己的品牌影响力。

多数律师事务所将律师分为合伙人和普通的律师。但这种区分对客户来说不具备什么信号意义，无法从这些称谓的差异上识别律师的专业水准，因而对不同律师定价的差异常常产生困惑和争议。

盈科在专业化分工的基础上，在每一个主要的专业领域树立一个首席大律师，代表盈科在行业内同其他律师事务所竞争。盈科的内部律师按照专业能力被依次定级为首席大律师、高级合伙人、合伙人、资深律师、普通律师、律师助理。首席大律师代表盈科某专业领域的最高水平，类似于高校各专业的学科带头人。每一个层级的律师具有基本相同的专业水准，能够提供类似质量的专业服务。

梅向荣说："律师业存在一个很大的问题，每个律师对外都被称为律师，但是某些律师水平高，某些律师水平低；某个律师在他擅长的领域水平高，在他不擅长的领域水平低，导致品牌的混乱和不稳定。但是盈科这个体系是稳定的，因为我告诉你我这个律师是住院大夫，所以你别指望他有主任大夫的水平，主任大夫你别指望他有学术委员的水平，因为我已经给他贴了标签，而且这个标签是稳定的，这才是品牌的有序管理。"

在律师数量增加的基础上，对律师进行专业化分工，并确定专业等级，确实有助于激发律师提升自己专业水准的动力，同时也降低了律师与客户间的信息非对称，增进了律师与客户之间的信任，提高了价格的透明度。事实上，规模本身也成为传递实力的一个信号。

盈科在营销和定价时向客户明确律师层次。这样客户在雇用律师时，会对律师的水平有一个直观的感受和预期。由于盈科某一级别的律师只代表这个级别的盈科律师的水平，而不能代表整个盈科律师的水平，因此，当客户对盈科某一较低水平律师的能力感到不信任的时候，客户对于盈科律师整体业务水平的能力认知并不一定会出现负面判断。加之如果客户对律师不满意就可以换律师的规则，提高了客户的满意率，使得客户从对律师的信任转移到对平台的信任，增强了客户的黏性。

在对律师横向上进行专业化分工，纵向上进行专业水平分级的基础上，盈科建立了案源信息分享的激励机制，鼓励律师将非自己专业领域的案源信息提供给所内的其他专业律师，也保证了案源信息分享者的利益。

对复杂的法律案件，盈科鼓励不同专业领域的律师用类似于医院对复杂病例的会诊制度，集体研讨，确定诉讼战略，提高服务质量。

> 律师对每个案件的判断可能会不一样,但是流程是标准的,这样可以保证案件处理的程序不会错。但是每个律师根据自己的经验判断会产生一些差别,这个问题会通过讨论解决,由首席大律师主导,多个律师综合判断得出结论,类似于医院里面的会诊制度,而这样的制度将来会成为常态。

2012年年末,盈科律师事务所以规模化和专业化为特征的产业化战略已经取得了显著的成效:

首先,律师数量已经达到2 000人左右,而且律师谈案成功率显著提高。"以前在小所谈客户,来十个成一个就不错了。客户会不停地到小所比较和询价,因为信任度不够。一个律师原来在别的所谈十个成一个;转到盈科以后,谈十个能成三个。"

其次,品牌带来每个案例的服务收入提高。"在小所,由于缺乏品牌影响力,律师服务的价格相对来说比较低,价格高了客户就会流失。但在盈科,品牌会给服务带来额外的溢价。"

再次,承接案子的数量和范围显著增加。在小的律所,律师之间各自为战,自己做不了的案子就不会接。但现在什么都敢做、敢接,平台上的人很多,可以和别人合作,合作之后自己也可以获得收入。

最后,提高了法律服务的整体质量。在一般的律师事务所,律师为了增加收入,发现新的有价值的案源,通常都会尽力争取。在自己擅长的业务领域,服务的质量就高一些;不擅长的业务领域,服务的质量就低一些。而盈科的专业化分工,则相对提高了服务的质量。

7.3.3 盈科:从产业化到平台化

产业化战略取得初步成效之后,盈科继续探索在律师事务所管理和运行机制方面的创新。

构建律师支持平台

律师队伍迅速壮大以后,盈科开始对专业化分工进行进一步的完善,建立了一般律师事务所没有的新的机构:市场、客户管理、文化品牌等平台支持部门。文化品牌负责品牌传播,扩大盈科在潜在客户中的影响力,吸引客户来到盈科;市场部负责理解客户需求,律师负责提供法律解决方案框架,市场部介入合同谈判;合同签订后,相应领域的专业律师提供相应的法律服务;服务期间,客户管理部门跟踪服务过程;结案后,了解客户满意度,满意后进入二次营销过程,并管理客户资料与信息。盈科希望通过为律师提供市场开发、客户管理等方面的服务，使律师能够专注于法律服务的提供，从而提高组织的运行效率。换句话说，盈科希望构建一个平台，把律师和客户（企业和个人）都作为平台的管理服务对象，通过平台的支持，使律师和律师、律师和客户，甚至客户和客户能够进行更有效、更良性的互动。

但是，盈科的法律服务支持部门运行一段时间以后，管理层发现了一个问题：那些市场影响力非常大的知名律师（大律师），对平台支持部门的需求比较小，对公司品牌的依赖度较低，他们甚至对客户管理部门接触他们个人的客户存在一定的抵触心理，担心平台和他们个人争夺客户；而资历较浅的律师则对平台的依赖度较高，并通过平台专业化的培养快速地成长起来。

鉴于这种情况，盈科在律师专业化的基础上，在管理机制上将律师分成两个不同的体系。梅向荣说："一个体系，我们叫 Private Lawyer（私人律师），自我生成，自我发展，自我提高，自我维护。我们还有另一个体系，叫 Public Lawyer（公共律师），完全是公司制的、薪酬制的。这两个体系的管理机制，包括目标、考核、薪酬、激励机制等，是完全不同的。"

Public Lawyer 的客户开发和服务管理等工作，主要由盈科

第 7 章
传统企业的平台化转型

的专职销售和服务人员来完成；盈科的服务人员也会积极地向客户推荐盈科的其他服务，以便将这些客户发展为盈科其他律师的客户。Public Lawyer 主要提供法律专业服务，他们不需要自己营销，只要做好公司交予的任务即可。Public Lawyer 的工作类似于专业化分工的流水线作业安排，通过专业化来实现质量和效率的提高，其收入是基本薪酬加工作量提成。

Private Lawyer 则是在律师个人高水平技能的基础上，提供类似于"纯手工"的定制化的服务。律师自己营销，自己寻找案源，自己与客户沟通，其收入则是传统模式：按照比例上缴事务所，并扣除成本后的剩余。当 Private Lawyer 遇到自己不熟悉的案件时，事务所鼓励他把案件转交给盈科的其他律师，这样还能得到一定的佣金分成。同一个客户无论以后对盈科有何种法律需求，最初把该客户介绍进盈科的律师都可以获得分成，这使得律师愿意"交出"自己的客户，同时也会得到其他律师介绍的客户。

"这两个体系是可以流动的，中间是可以互通的。Private Lawyer 觉得累的话，可以进入 Public Lawyer 体系。相反也是一样的。""有些律师，即便个人名气非常大，也愿意选择做 Public Lawyer。""律师既谈案子又谈价格，会影响其与客户之间的信任，也会影响自身的专业性。把法律专业服务与案子的合同谈判区分开来,对很多律师来说,是有价值的。"

盈科还投入资金研发律师事务所信息管理系统,包括办案流程、客户管理、知识分享、日常信息、财务系统等,力争提高律师的办事效率,使律师能够更好地获得律师事务所的信息,分享专业知识等。系统还包括律师交流的平台,推进律师资源的整合,为律师之间的合作和分享创造更好的条件,从而促进业务的增长和专业能力的提升。

与此同时,随着中国企业国际化步伐的加快,盈科也迅速开始其国际化进程。2011年暑期,盈科巴西圣保罗律师事务所正式创立。该所是南美洲设立的第一家中国律师事务所,于2011年8月接待了中国国际商会组织的赴巴西考察团。接着,盈科先后在美国纽约、韩国首尔、意大利维罗纳、匈牙利布达佩斯、波兰华沙、土耳其伊斯坦布尔等地开设了10个海外办公室。

从事务所层面看,事务所构建品牌、营销、客户管理等支持平台,把律师法律服务的专业工作与法律服务的支持工作分开,同样取得了明显的成效。

首先,律师的专业效率提升了。以前律师自己揽案子,自己做案子,自己维护客户,非专业的工作耗费了很多时间。平台大了以后,盈科有公共的市场拓展部门,把公共拓展获得的案子与律师分享，让专业的人员做专业的事情，进一步提高了律师的效率。

其次，客户资源的综合利用。所有律师的客户都可能成为交易对象，大大增加了彼此之间的商业合作机会。以某企业的资产拍卖为例，之前可能只有 5 家潜在客户，而盈科现在积累了 4 万多家企业客户，很有可能在这些客户中找到交易对象。

构建法律服务互联网平台，让法律服务触手可及

互联网正在从根本上改变人们的生活方式。盈科也在考虑如何适应互联网时代的发展要求，为客户提供方便、快捷、优质、专业的在线法律服务。2013 年，盈科创立了网上法律服务平台"律云"，目标是成为全球最大的中国法律云服务平台，让法律服务触手可及！

为了实现这个目标，律云首任 CEO 刘炜说："律云从四个维度实现法律服务的标准化。第一，价格的标准化。律云针对企业和个人／家庭推出了不同的法律服务套餐。普通案件的价格一般只有传统律师事务所的 20%—30%。第二，服务流程的标准化。通过咨询前分诊—采集客户信息—沟通—二审—风险提示等步骤完成整个法律服务过程。整个过程中律云作为第三方平台，可以进行服务过程的监督和监控。第三，内容标准化。律云首先建立了法律知识库和案例库，再通过技术手段进行大数据挖掘，就可以对多数的法律咨询客户提供标准化的法律解答，同时也对律师的个人从业经验做了一个补充。第四，服务质量的标准化。在前三个维度的标准化的基础上，可以保证质量的标准化。另外，律云还提供售后'不满意退款'的服务。"

在标准化的基础上，法律服务就变成了一种可以在互联网上售卖的"标准的商品"。律云在线上成立了八大云服务中心，有超过 600 位各法律领域的律师向全国以及海外的用户提供 7×24 小时的中英双语法律服务。在线下，依托盈科 25 家分所 3 600 位法律专业人士以及在建的律云全国律师协作平台上超过 300 家合作律师事务所，律云将整合遍及全国的服务资源。律云除了提供云服务中心的语音电话咨询，还利用网站、移动客户端、微信等手段，力图做到让法律服务触手可及。

在上述四个维度的标准化中，服务内容的标准化是核心和关键。律云首先根据大数据挖掘判断客户的法律需求，从刑法的 453 个罪名、民法的 424 个案由梳理出 1 000 个细分法律领域，在这 1 000 个细分领域，与企业和个人家庭有关的有 205 个，这其中跟企业和个人家庭息息相关的有 23 个。律云和盈科研究院合作，建立了盈科律云法律研究院，设立了 23 个法律委员会，针对这 23 个法律领域做知识库的梳理，律云把这 23 个法律领域作为研发知识库的出发点，把最丰富的知识汇聚成系统来实现标准化。比如劳动用工的知识库，2012 年北京 6 万家企业中有 62% 的企业遇到劳动争议的纠纷，导致企业的财产损失，它们有很多劳动用工方面的法律问题。劳动用工方面的问题的解决主体是人力资源部，律云对人力资源部门的工作流程进行模块化拆解，从招聘到管理、赔偿制度、薪酬体系、绩效考核一直到离职管理等 10 个模块，每一个模块都会产生相应的法律问题，有可能导致相应的法律纠纷，形成巨大的问题库，基本涵盖企业 85% 的日常法律问题。通过数据挖掘，律云发现，自有《劳动法》以来，与劳动相关的法律法规一共有 138 部，每个问题配上标准的法条作为支撑，也就意味着基本上每个问题都有定向的解决方案，然后根据客户不同的侧重点再解读这个法条。这样一来，不同的律师解决同一个问题用的是同一个法条，从而实现了服务内容的标准化。

目前，律云的客户以企业客户为主，这也是盈科重要的发展方向，因为企业有持续的法律需求和付费能力。相较而言，个人的需求是偶发的，如个人的婚姻家庭法律纠纷就不是每天出现的。在百度关键词搜索排名上位居前列的个人法律服务需求有婚姻家庭、债权债务、消费维权、交通肇事等，而这些需求都不是经常发生的，个人对法律服务的消费一定是在出现问题时才发生的。虽然个人客户不是盈科的主要发力和营销对象，却是盈科重要的传播对象，盈科要通过云服务，以四大维度的标准化来打造家喻户晓的法律服务品牌。

盈科的基本思路是将法律服务市场细分为基本法律服务和综合复杂法律服务两类。将基本法律服务通过低价格等手段，使其从奢侈品转化为必需品，从而提高客户的法律意识，创造新的需求。由 Public Lawyer 通过标准化、程序化的方式，以低成本满足客户的需要。对于客户来说，盈科的每项服务都是个性化、定制化、有针对性的，而盈科自己则有一个标准化、程序化的系统来支持，从而在客户个性化的需求与公司的标准化解决方案之间求得平衡。

最重要的是，通过律云与客户建立联系，建立与客户互动的渠道，而客户一旦产生综合复杂的法律服务需求，盈科则可以最早获得客户需求的信息，由 Private Lawyer 为客户提供附加价值更高的个性化服务。通过基本法律服务建立客户关系，通过综合复杂法律服务获得利润，从而使律师事务所的运行进入良性循环。

在盈科的网站上，我们看到了律云 2014 年的发展目标：盈科的律师要抓住在线法律服务的黄金机遇期,建设一支高质量的在线法律服务律师团队,努力为客户提供优质、高效、便捷的在线法律服务。让人人享有法律服务的理念走进千家万户,成为中国百姓个人、中小企业选择在线法律服务的第一品牌。2014年律云在线法律服务的目标是:个人用户突破千万级,中小企业用户突破百万级。海量客户的开发,将给盈科律师带来巨大的发展空间,专业化的律师将会迎来巨大的发展机会。

梅向荣介绍道:"到2014年7月,律云平台注册用户近20万,用户量在百万以上。"

积聚了大量的客户以后,盈科也在探索如何为客户提供更为全面的服务,同时使自己的盈利模式多元化。梅向荣说:"客户的需求是多方面的,除了法律服务方面的需求外,客户还有海外投资、金融、管理咨询、移民、子女海外留学等方面的需求。于是,盈科将平台开放给提供相应专业服务的机构,共享客户资源,一方面满足客户需要,另一方面也能够拓展收入来源。这是盈科未来重要的发展方向。"

结　语
生态系统的战略势能：谁能掌控未来？

　　由于网络效应、规模收益递增、转换成本等因素的作用，依托于互联网的平台市场"赢者通吃"的可能性较高，因而平台与平台之间的竞争远比企业与企业之间的竞争要残酷得多。

　　而平台一旦建立起以自己为中心的势能强大的生态系统，从一个平台市场包抄进入其他平台市场，要比白手起家创建新的平台，具有更大的竞争优势，所以，进行精准的客户定位，设计并运营一个势能强大的能够有效满足客户需求的平台，不仅是很多创业者的梦想，也是谋求转型的传统企业的经营者的梦想。

　　但是，由于平台设计及定位的复杂性、平台之间竞争的残酷性，以及平台市场突破临界规模之前面临的高昂的营销成本，平台绝不是每个创业者都可以尝试的游戏。即便那些我们现在看起来非常成功的、依然生机勃勃的平台，也或是危机四伏、困难重重，或是挑战与机遇并存。

腾讯乘着娱乐需求增长的东风，依然保持着快速的增长；在短期内也很难有竞争者可以挑战其在国内互动娱乐市场中的地位。虽然腾讯在微信支付方面确实成功地迈出了关键一步，但是其在娱乐王国中植入商业基因的道路上依然步履维艰。

万达商业地产在建设商业实体平台的过程中，通过撬动同边效应、跨边效应，有效地在特定阶段构建起不同商家、消费者之间共生共荣的生态系统。但面对互联网购物的兴起、房地产市场需求增长的放缓、竞争对手的模仿，其商业模式面临全新的挑战。生态系统中一个物种的消失，将会对其他物种的生存能力产生重要的影响。积极地适应和调整，面对的依然是未来无休无止的折磨。

乐视通过重构传统的电视产业链、电视企业价值链，将原来纵向、垂直的线性过程转化为一个并行、交互的网络过程，创造了相对于传统电视制造企业的竞争优势，并对传统电视业形成了冲击。但是，在电视平台双边客户还远未达到临界规模、生态系统蓄积的能力还非常有限的情况下，乐视就谋求从电视平台市场包抄到手机、汽车等平台市场。虚无缥缈的迷雾中若隐若现的空中楼阁，给人以无限美好的想象。但透过迷

结　语
生态系统的战略势能：谁能掌控未来？

雾，我们能够看到的不是万道霞光，而是空中楼阁坍塌之后的残垣断壁、尘埃瓦砾。

1995年，在互联网时代刚刚开启之际，通用汽车提出了一个伟大的构想：构建一个连接汽车制造商、保险公司、维修和救援机构、消费者等多方利益相关者的平台，形成一个共生共荣的生态系统。但是，由于忽略了生态系统中处于支配地位的核心物种的需求，在设计股权结构时没有考虑到拥有特殊力量的生态系统关键成员的特殊利益，试图自己完全主宰这个生态系统。结果，其他汽车制造商退出，导致生态系统萎缩、退化。

而Sony与JVC竞争的这个古老的故事告诉了我们一个简单的道理：如果一项业务具有发展成平台，进而形成一个势能强大的生态系统的潜力，但企业依然坚持传统的产品经营、产品竞争的理念，而竞争对手却采用平台战略，企业以一己之力与一个强大的生态系统去抗衡，惨败的结果基本是确定的。

当然，苹果的Mac电脑与Wintel联盟的竞争则表明，即便苹果公司拥有伟大的产品，与一个仅仅拥有过得去的产品的庞大的生态系统去抗衡，能够勉强生存，也已经是最好的结果了。但如果将伟大的产品转化为伟大的平台，构建一个具有强大的自我进化能力的生态系统，企业的生命力就会得到显著增强。

重构平台与生态
谁能掌控未来

IBM 在 PC 产业发展初期在商业模式方面进行创新，通过开放的技术标准，以强大的品牌优势和渠道优势为助力，将客户与供应商联系在一起，构成一个以 IBM 为核心的开放的生态系统。但是，由于 PC 产业的两种核心资源：操作系统控制在微软手中，处理器控制在英特尔公司手中，最终被 Wintel 联盟从生态系统的核心位置上剔除，逐渐被边缘化。

美泰这个玩具巨头通过商业模式创新，以专有的品牌为支撑，从一个单纯的玩具产品供应商转型为一个平台服务提供商，构建了一个以自身为中心的将互补产品提供商、OEM 厂商、营销网络和渠道、消费者等联系在一起的生态系统。但是，进入 21 世纪以后，电子游戏，特别是以 iPad 为依托的儿童电子（网络）游戏等的发展，形成了另外一个全新的生态系统。这个新的生态系统依托以新技术为基础的战略势能，正在拼命蚕食美泰的芭比娃娃生态系统的空间。虽然美泰也通过开发新产品为生态系统增添活力，并尝试开发游戏业务，但在新旧生态系统的抗衡中，已经逐渐处于弱势。

比较 GE 与海尔的转型，我们可以看到，GE 不为金融业务的短期利润所诱惑，而是回归制造业的核心资源与能力，并通过 Predix 平台为制造业务插上工业互联网的翅膀，再辅之以金融方面的支持，不仅为自己的工业客户提供以技术为支撑的解

结　语
生态系统的战略势能：谁能掌控未来？

决方案，同时将更多的行业应用服务提供商拉上平台，掌握更多的下游客户的大数据，为其未来的全球领导力创造了更大的空间和机会。

没有核心技术能力支撑的海尔，曾经依靠自身的内部流程和服务体系，构建起一个以自己为中心的生态系统，但这个脆弱的生态系统难以抵御互联网大潮的冲击。海尔通过"去中间化、去中心化"等措施，把传统的组织架构打散，力图在组织内部构建平台，为员工创新创业提供支撑。在组织内部建立平台，以及基于平台的生态系统，这在战略思考的方向和范围上与其他企业有着重大不同。绝大多数企业考虑生态系统建设，是将平台型企业自己作为生态系统的核心，将双边客户及其他利益相关者作为生态系统的参与者，来进行思考和构建的。但海尔将思考的方向转向组织内部，在内部进行平台建设，这是非常独特的思考方式。

生态系统的种群数量、种群之间的关系结构，决定了生态系统的进化能力和势能。内部的种群结构无论如何调整和优化，协调和再造的空间都还太小，价值是有限的。而海尔收购GE早就图谋淘汰的家电业务，基本宣布了海尔企业平台化、员工创客化战略的失败。

当然，在我们这个劳动力市场还不完善的国度里，海尔能够将裁员的目标，以如此积极进取而又体面委婉的方式实现，绝对是值得其他企业借鉴的。

将中国与国际性的平台型企业进行比较，可以发现一个共同的现象是：多数中国平台型企业通过模仿国外已有的成功模式，根据中国本土市场的特点进行适应性优化，建立起相应的生态系统。

生态系统一旦形成，平台型企业更倾向于利用已有的势能，挟势而下，冲击易于进入的平台市场，走的都是容易走的下坡路，势能越来越低，未来战略选择的空间越来越小；同时，在生态系统战略势能的开发和投资方面投入相对不足，特别是在平台核心技术的投资、服务的改善以提高客户黏性等方面未能给予足够的重视，反倒是在企业形象包装、概念炒作方面投入了更多的资源。

在平台规则的构建方面，特别是在平衡平台与生态系统成员的利益关系时，平台型企业明显具有短期倾向，追求平台自身短期利益的最大化，成为优先的选择。

本书从资料收集、案例研究到最后诉诸文字，前后历时五载。尽管我对这个时代飞速变化的步调和节奏，有着足够的心理准备，但当变化的世界真正呈现在自己面前的时候，还是会瞠目结舌。有些案例当初调研时了解的情况，与今天的实际已

结　语
生态系统的战略势能：谁能掌控未来？

经有了重大的不同。我并未试图将这些新的变化补充进来，而是忠实于调研时的分析和判断，这也有助于读者检验本书提供的理论和方法的洞察力。毫无疑问，本书的内容只能反映阶段性的认识。

在我写这本书的时候，谷歌的人工智能机器人AlpharGo正在与李世石进行十番棋大战，谷歌以令人瞠目的方式展示了它们在下一波商业竞争中的战略制高点——人工智能领域所取得的杰出成果。相对而言，中国企业家还缺少作为全球领导者所需要的品位、境界、视野和雄心。拷贝一个模式并做本土化改造，取得一些阶段性的成功，就开始指点江山、树碑立传、粪土全球万户侯的企业家，其企业的生命，可能会像流星一样短暂。只有能够洞察产业终局，及早布局，并始终保持足够的危机意识和创新活力，才能够在这个高度不确定性的世界中立足。